최고 성과의 조건

THE ONE MINUTE MANAGER BUILDS HIGH PERFORMING TEAMS

Authorized translation from the English language edition entitled ONE MINUTE MANAGER BUILDS HIGH PERFORMING TEAMS, THE, 1st Edition,
ISBN: 0688109721 by BLANCHARD, KEN; CAREW, DONALD; PARISI-CAREW, EUNICE, published by HarperCollins.

Copyright ⓒ 1990, 2000 by Blanchard Family Partnership.
The Ken Blanchard Companies
World Headquarters, 125 State Place, Escondido, CA 92029, United States of America / Telephone +1 760-839-8070/www.kenblanchard.com

All rights reserved. No part of this book may be reproduced or transmitted in any form or by any means, electronic or mechanical, including photocopying, recording or by any information storage retrieval system, without permission from Pearson Education, Inc.

Korean language edition published by Book21 Publishing Group, Copyright ⓒ 2011
Korean translation rights arranged with PEARSON EDUCATION, INC.., through KCC(Korea Copyright Center Inc.), Seoul, KOREA

이 책은 (주)한국저작권센터(KCC)를 통한 저작권자와의 독점계약으로
(주)북이십일에서 출간되었습니다.
저작권법에 의해 한국 내에서 보호를 받는 저작물이므로 무단 전재와 복제를 금합니다.

켄 블랜차드의 행복한 1분 경영 노트

최고 성과의 조건

켄 블랜차드, 도널드 커루, 유니스 패리시커루 지음 | **권은경** 옮김

www.book21.com

들어가는 말

성공적인 조직에 있어 팀워크의 개념이 오늘날처럼 중요했던 적은 없을 것이다. 과거에는 볼 수 없던 속도로 사회는 변화하고 기술은 발전한다. 그 결과 조직들은 더욱 커진 스트레스에 직면했으며, 경쟁력을 유지하기 위해 재빨리 달라진 현실에 적응해야 하는 처지에 놓였다. 이제 정상에 오르기 위해서는 몇몇 뛰어난 인재에게 의지하는 것만으로는 부족하다. 살아남고 싶다면 모든 측면에서 사람들의 창의성과 가능성을 이끌어낼 방법을 찾아야 한다.

이러한 변화와 더불어 활발한 인구 이동, 글로벌 경제, 가치관 및 전통적 직업윤리의 변화 등을 고려해본다면 조직 구조를 새로이 하고 리더십을 재정의할 필요성은 더욱 커진다. 아니, 여러분과 함께 일하는 이들은 그 이상을 바랄 것이다. 사람들은 높은 연봉 못지않게 성취감 역시 원한다. 참여와 개입을 지향하는 추세가 강력한 흐름을 이어가면서, 경영계에서는 이른바 '제3의 혁명'이라는 이야기까지 나오고 있다.

새로운 조직 구조는 바야흐로 진가를 인정받고 있다. 팀 혹은 부서 직원들의 주인 의식과 헌신도가 높아지면 창의성을 고취하고 업무 기술을 축적하기가 더 쉬울 것이다. 오늘날 팀의 리더는 자신의 권한을 잘 이용해 팀을 원활하게 이끌어야 하는 책임을 가진다. 리더는 효율적인 리더인 동시에 효율적인 팀원이 되어야 한다.

켄블랜차드컴퍼니는 도널드 커루, 유니스 패리시커루와 함께하면서 '최고 성과 팀' 분야에서 선두에 설 수 있었다. 이러한 작업의 핵심에는 사람들에게 만족스럽고 생산적인 삶을 누릴 기회를 부여하고, 조직이 직원을 더욱더 배려하며, 직원들이 창조적이고 성공적인 삶을 살았으면 하는 진심에서 우러나온 헌신이 있었다.

이 책에서 볼 수 있듯, 팀에 관한 우리의 공동 작업은 《상황대응 리더십 Ⅱ 바이블》에 잘 갈무리되었다. 집단의 발전에 대한 공동의 연구 덕택에 기존의 '상황대응 리더십' 모델을 개선할 수 있었다. 도널드와 유니스가 그러한 변화를 이끌어주었으니 나로선 큰 빚을 진 셈이다.

이 책은 최근의 연구 결과와 흐름을 같이하고 있다. 리더십 유형 분류 역시 리더십과 최고 성과 팀에 관한 본인의 저술 중 결정판이라 할 수 있는 《켄 블랜차드의 상황대응 리더십 Ⅱ 바이블》에 맞추어 출간했다.

이 책이 처음 나온 이후로 수많은 독자들에게 그랬듯이, 모쪼록 이 책이 당신과 당신의 팀에게도 유익한 도구가 되길 바란다.

· 차례 ·

들어가는 말 4

1 1분 경영자, 전화를 받다 • 13
2 문제 발생 • 16
3 문제는 집단이다 • 20
4 높은 성과를 내는 팀의 특징 • 25
5 비전의 중요성 • 37
6 임파워먼트 도구 1: 진단 • 42
7 집단의 역학을 이해하라 • 44
8 집단 발전의 1단계: 형성기 • 52
9 집단 발전의 2단계: 갈등기 • 67
10 집단 발전의 4단계: 성취기 • 80
11 집단 발전의 3단계: 조정기 • 92
12 발전 단계에 따라 생산성과 사기는 변화한다 • 104
13 임파워먼트 도구 2: 유연성 • 108
14 리더십의 4가지 유형 • 112

15 업무 기능과 유지 기능 • 117

16 배움을 전하다 • 121

17 개념을 활용하기 • 125

18 의문이 발생하다 • 129

19 임파워먼트를 향한 여정을 관리하라 • 132

20 리더십을 변화시켜야 할 시점은 언제인가 • 138

21 팀의 발전은 역행하기도 하는가 • 146

22 집단 내 과정을 관찰하기 • 149

23 집단의 역학을 이해하기 • 156

24 리더는 훈련시키는 자가 아니라 교육하는 자다 • 158

25 새로운 1분 경영자들 • 164

26 다른 이들과 공유하기 • 168

감사의 말 172

사람들이 지닌 역량을 끌어내고 키워주는 일과

사람을 사랑하는 일을 가르쳐주신 우리의 어머니들,

도로시, 마조리, 제니 여사에게 바친다.

우리 어머니가 우리 생애 첫 선생님이다.

1분 경영자,
전화를 받다

 1분 경영자는 사무실 창밖을 내다보고 있었다. 생각에 잠기고 싶을 때면 늘 즐겨 찾는 자리였다. 그렇게 창 너머를 응시하고 있는데 전화벨이 울렸다. 1분 경영자는 퍼뜩 정신을 차리고 의자 앞에 놓인 탁자로 걸어와 수화기를 들었다. 사무실에 있을 때면 그는 구내전화를 직접 받곤 했다.

 수화기 너머로 한 대형 화학회사에서 교육을 담당하고 있는 댄 브록웨이의 목소리가 들렸다.

 "여보세요?"

"잘 지내요, 댄?"

1분 경영자는 안부 인사를 건넸다.

"네, 그럼요. 실은 저희 회사의 경영 필수 과정과 관련해 여쭙고 싶은 게 있어서 전화를 드렸습니다."

댄이 답했다. 경영 필수 과정은 댄이 회사에서 진행하고 있는 교육과정으로, 관리자들이 21세기에 갖춰야 할 핵심 기술에 초점을 맞춘 새로운 프로그램이었다.

1분 경영자도 그 과정을 설계할 때 함께했는데, 그가 보기에 당시 댄은 회사의 모든 관리자가 경영 분야에서 가능한 한 최고 수준의 사고방식을 접할 수 있도록 하기 위해 아주 열성적으로 일했다.

"이제 과정 하나를 막 마치셨겠네요?"

"네, 그랬습니다. 다들 반응도 좋았어요. 딱 한 분만 빼고 말이죠. 고객서비스 프로그램을 담당하고 있는 마리아 산체스라는 분인데, 내용 중에 과연 유용할까 싶은 의구심이 드는 부분이 좀 있었던 모양입니다. 그분이 그러한 의문을 편지로 적어 제게 보내셨고, 다른 주요 관계자들에게도 복

사해서 보내셨더라고요."

"어떤 부분을 지적하셨는데요?"

1분 경영자가 물었다.

문제 발생

댄은 친절하게 설명을 해주기 시작했다.

"교육과정에서 주로 다루는 개념들이 기본적으로 사람을 일대일로 관리하는 데 초점을 맞추고 있는데, 이게 제한적이라는 겁니다. 대부분의 관리자들이 업무 시간의 50퍼센트에서 90퍼센트를 둘 이상의 직원들과 함께하는 그룹 활동의 형태로 쓰고 있는데, 우리 회사의 교육과정은 팀워크에 대해서는 강조하는 바가 전무하다고 하시더군요. 정작 관리 업무에서 가장 중요한 영역에 대해서는 아무런 도움이 되지 못한다는 거지요."

"흥미로운 지적이네요."

1분 경영자가 말했다.

"계속 말씀해보세요."

"또 1분 경영이라는 개념이 지나치게 통제를 바탕에 두고 있다고 하시더라고요."

댄이 말을 계속 이어갔다.

"목표를 세우는 사람도 관리자, 칭찬을 하는 사람도 관리자, 질책을 하는 사람도 관리자라는 겁니다. 그분이 보내주신 편지를 읽어드릴게요. '우리에겐 팀워크를 증진하고 집단의 문제 해결을 용이하게 해주며, 지속적인 개선을 향한 집단의 관심사와 열정에 집중할 수 있는 관리자들이 필요합니다. 오늘날엔 집단의 생산성이 개별 직원의 업무 성취도보다 중요합니다. 개개 관리자의 성공은 그가 속한 팀이 질과 생산성을 얼마나 꾸준히 개선하느냐에 달려 있습니다. 팀원끼리 경쟁하게 하는 시스템을 변화시키고, 모든 팀원이 팀에 주어진 임무를 성취하는 것을 우선순위에 놓도록 해야 합니다. 이를 위해 관리자들은 팀원들에게 가하는 통제를 상당 부분 포기해야 합니다. 그러면 팀에 대한 주인 의식도 생겨날 것이고, 우수한 성취를 이룸에 따라 팀을 자랑스럽게 여기는 마음도 커질 겁니다. 팀워크가 좋은 조직에서는 '이건 제 업무가 아닌데요'라는 이야기가 들릴 일도 없을 겁니다.'"

"대단한 분이시네요."

이야기를 들은 1분 경영자가 말했다.

"제가 어떻게 도와드리면 될까요?"

"이 편지에 어떻게 답해야 할지 일러주실 수 있을까요? 이분을 제대로 설득하지 못하면 우리 프로그램 전체가 혼란에 빠질 것 같습니다."

"제 생각엔 그분이 논점을 벗어난 것 같진 않아요. 오히려 그분을 한번 뵙고 싶네요. 중요한 몇몇 이슈를 상당히 잘 파악하고 있는 것 같아요. 저는 1분 경영의 원칙들이 옳다고 생각합니다만, 집단과 관계된 내용이 빠진 교육 프로그램은 반쪽짜리에 불과하다는 그분의 의견에 동의합니다. 내일 시티호텔 식당에서 12시 30분쯤 점심이나 같이하면 어떨까요? 그분이 문제를 제대로 짚었다고 생각하는 이유를 말씀드리겠습니다."

"좋습니다."

댄이 답했다.

"제가 아직도 한참 더 배워야 하나 봅니다."

"너무 의기소침해지실 필요 없어요. 내일 뵙지요!"

3
문제는 집단이다

  이튿날 오후 1분 경영자는 약속 장소에 나타나자마자 곧장 본론부터 이야기했다.

  "댄, 그동안 저는 온갖 종류의 효율적 경영 기술을 꿰고 있었는데도 일터에서 좌절을 맛보곤 했습니다. 오랫동안 그 이유를 알지 못했지요. 그러다 어느 날 마침내 깨달았습니다. 한 명 한 명을 따로 관리 감독하거나 일대일로 일하는 것보다는 집단으로 함께하는 일이 제 업무의 대부분을 차지한단 사실을 말이죠."

  "어제 통화를 마치고 밤에 골똘히 생각을 해봤습니다."

댄이 말문을 열었다.

"그러니까 개개인을 관리 감독하는 데 그렇게 많은 시간을 쓰는 것은 바람직하지 않다고 보시는 거죠?"

"네. 사실 관리자들이 직원 개개인을 직접 관리 감독하는 데 쓰는 시간은 전체의 30퍼센트가 채 되지 않습니다. 대부분은 직원들이나 동료들, 상사들, 아니면 고객들이나 공급 업체 같은 조직 외부 사람들을 상대하는 집단 회의로 이뤄져 있지요. 이 사실을 깨닫고 난 이후로 저는 집단, 그리고 집단이 어떻게 움직이는지를 연구해야겠다고 마음먹었습니다."

"그래서 어떤 점들을 알게 되셨는데요?"

"우선 집단이 효율적으로 작동하게 되면 말이죠, 직원들은 각자 개별적으로 일할 때보다 더 복잡한 문제들을 해결할 수 있고, 더 나은 결정을 내리며, 더 높은 창의성을 발휘합니다. 업무 기술을 습득하고 팀에 대한 헌신도를 높이는 데도 더 열심이지요."

"하지만 생산성을 해치기도 하지 않습니까?"

댄은 의문을 표시했다.

"물론 그럴 수도 있지요. 관리가 제대로 이뤄지지 않으면 그럴 겁니다. 그래서 리더는 팀원들이 일을 잘해낼 수 있도록 뒷받침하는 동시에 팀 또한 효율적으로 잘 굴러가도록 도와야 하지요."

"그러고요?"

"모든 집단은 저마다 고유한 특징이 있다는 점을 알아야 합니다. 모든 집단은 역동적이고, 복잡하며, 끊임없이 변화하는 살아 있는 시스템입니다. 개인과 마찬가지로 집단 역시 고유한 행동 패턴과 삶을 가지고 있어요."

"집단들이 서로 어떻게 다른데요?"

댄이 물었다.

"음, 일단 규모와 목적, 개개 구성원에서 분명 차이가 나지요. 그러나 종종 무심히 지나치곤 하는 가장 중요한 차이는 바로 발전 단계에 있습니다."

1분 경영자는 설명을 계속했다.

"모든 집단은 성장하면서 비슷한 단계를 거칩니다. 처음에는 그저 개인들이 모인 집합이었다가 매끄럽게 기능하는 효율적인 팀으로 나아가는 거지요."

"목적이나 규모, 만나는 횟수에 관계없이 모든 집단이 동일한 발전 단계를 거친다는 건가요?"

"일반적으로 그렇습니다. 물론 제가 지금 언급하는 '팀'이란 정기적으로 대면하며 교류 관계를 맺고, 비교적 꾸준히 2명에서 15명 정도의 구성원을 유지하며, 공통의 임무나 문제를 놓고 함께 일하는 경우를 상정하는 것이긴 합니다. 예컨대 평범한 업무 부서일 수도 있고, 특수한 태스크 포스(task force, 전문가들로 구성된 임시 조직으로, 정해진 기간 내에 특정 과제를 수행한다-역자 주)나 단기적인 목표에 따라 만들어진 위원회 혹은 운동 팀 심지어 사회집단이나 가족일 수도 있지요."

"그렇다면 제가 소속된 집단 대부분을 포함하겠는데요. 그렇다면 보다 규모가 큰 집단들은 어떤가요?"

"규모가 더 커진다고 해도 동일한 단계를 거칩니다. 하지만 집단의 크기가 15명 내지 20명을 넘어서면 효율성이 떨어지므로 임무를 완수하거나 문제를 해결하려면 더 작게 쪼개져야겠지요."

"그렇겠네요."

댄은 수긍했다.

높은 성과를 내는 팀의 특징

 "그렇다면 효율적인 팀이란 구체적으로 어떤 것인지 설명해주실 수 있을까요?"

 "그 질문에 대답하기 전에, 당신이 우수한 팀이나 집단에 속했던 때를 생각해봤으면 좋겠군요."

 1분 경영자가 말을 이었다.

 "뛰어난 결과를 내놓는 팀, 그래서 그런 팀의 일원이라는 사실에 자부심을 느꼈던 팀을 한번 떠올려보세요."

 "그런 경우가 많진 않았지만······."

 댄은 기억을 더듬었다.

"경영 필수 과정 때문에 같이 일한 기획팀을 들 수 있을 것 같네요. 5명이 6개월간 함께 작업했는데, 하나씩 성취를 이뤄가며 뿌듯함을 느꼈거든요."

"그럼 이제 그 팀에 대해 잘 생각한 다음, 그 팀의 효율성에 기여한 요소들을 목록으로 작성해보세요. 저는 잠시 통화할 곳이 있으니까 10분 후에 다시 만나서 목록에 어떤 것들이 있나 봅시다."

"네, 그러죠."

댄은 목록을 적기 시작했다.

잠시 후 1분 경영자가 돌아와 댄에게 작성한 목록을 보여달라고 했다.

"그렇게 길진 않습니다."

댄이 목록을 건네며 말했다.

"하지만 제가 경험한 효율적인 집단들이 지닌 중요한 특징을 어느 정도 정리한 것 같습니다."

댄이 건넨 목록에는 그가 경험한 효율적인 팀의 7가지 특징이 적혀 있었다.

1. 나는 내가 해야 할 일을 알고 있으며, 팀은 분명한 목표를 가지고 있다.
2. 모든 사람이 리더십에 대해 일정한 책임감을 느낀다.
3. 모든 사람이 활발하게 참여한다.
4. 다른 이들이 나를 인정하고 지지하고 있다고 느낀다.
5. 팀원들이 나의 말을 경청한다.
6. 다른 의견을 존중한다.
7. 모두가 함께 일하는 것에 만족하며 즐거움을 느낀다.

"시작이 좋은데요, 댄."

댄의 목록을 살펴본 1분 경영자가 말했다.

"제가 최고 성과 팀에서 관찰했던 바와 정확히 일치하네요. 저는 그러한 효율적인 팀의 핵심을 나타내는 단어들에서 머리글자를 모아 'PERFORM'이라는 말을 만들었습니다. 그리고 사람들이 항상 가지고 다니면서 볼 수 있도록 작은 카드로도 만들었지요."

1분 경영자는 이렇게 말하며 코트 주머니에 손을 넣더니 카드를 하나 꺼내 댄에게 건넸다.

"'높은 성과를 내는 팀의 특징'이라……. 한눈에 쏙 들어오네요."

카드를 읽은 댄이 말했다.

"각각의 항목을 좀 더 설명해주시겠어요?"

1분 경영자는 서류를 하나 건넸다.

"제가 만들어본 평가 양식인데요, 각 항목을 간단히 묘사하고 있습니다. 이걸로 당신이 속한 팀을 평가해볼 수 있을 겁니다. 아까 그 기획팀을 떠올리면서 카드를 읽어보세요."

높은 성과를 내는 팀의 특징

P(Purpose and Value): 목적과 가치

E(Empowerment): 임파워먼트*

R(Relationship and Communication): 관계와 소통

F(Flexibility): 유연성

O(Optimal Performance): 최상의 성과

R(Recognition and Appreciation): 인식과 인정

M(Morale): 사기

---

*역자 주: 임파워먼트는 단순히 리더가 의사결정 권한을 구성원들에게 나누는 '권한 부여'로 해석되기도 하나, 그보다는 리더에 집중되는 위계적 조직에서 벗어나서 구성원들이 지닌 "잠재된 지식과 경험, 동기를 이끌어내 바람직한 결과를 이루는 데 그 힘을 집중시키는 과정(《켄 블랜차드의 상황대응 리더십 Ⅱ 바이블》, p. 116)"이라고 볼 수 있다. 이는 구성원들이 스스로 생각하고 행동하게 함으로써 조직 기여도를 극대화하는 조직 문화를 만들어가는 과정이라는 보다 포괄적인 의미를 담고 있다.

P: 목적과 가치

1. 팀은 공동의 목적을 향해 확실하게 헌신한다. 팀원들은 팀워크가 무엇인지, 왜 중요한지 분명히 알고 있다.
2. 공유하는 가치와 규범을 통해 성실함, 팀의 질, 협업 정도가 향상된다.
3. 팀의 목표가 구체적이며 도전적이다. 또한 팀의 목표는 팀의 목적과 부합하는, 팀원들의 합의를 얻은 것이다.
4. 목표를 성취하기 위한 전략이 뚜렷하며, 이는 팀에서 합의된 내용이다.
5. 팀원들은 각자 역할이 분명하다. 그리고 모두 자신의 역할과 팀의 목적 및 목표와의 관계를 이해하고 있다.

E: 임파워먼트

6. 가치와 규범, 실행이 진취성, 참여도, 창의성을 북돋는다.
7. 팀은 적절한 정보와 자원을 얻을 수 있다.
8. 팀의 의사결정 과정, 권한 범위, 책임 전략이 분명하다.
9. 지시, 체계, 교육으로 개인과 팀의 발전을 뒷받침한다.
10. 팀은 모든 구성원이 지속적으로 성장하고 발전하도록 하는 데 헌신적이다.

R: 관계와 소통

11. 문화, 민족, 성별, 국적, 나이 등 개인 간의 차이를 존중한다.
12. 팀원들의 다양한 생각, 의견, 감정, 관점의 차이를 장려하고 숙고한다.

13. 팀원들은 다른 이를 평가하거나 재단하기 위해서가 아니라 이해하기 위해 적극적으로 서로의 말을 경청한다.
14. 팀은 공통 기반을 찾고 분쟁을 조정하기 위해 효율적인 수단을 이용한다.
15. 팀은 정직하고 개방적인 피드백을 통해 팀원들이 자신의 강점과 약점을 인식할 수 있도록 돕는다.

F: 유연성

16. 팀원들은 팀의 발전과 리더십에 대해 책임감을 공유한다.
17. 팀은 구성원 모두의 고유한 재능과 장점을 활용해 위기에 대응한다.
18. 팀은 다양한 방법을 모색하는 데 개방적이며 변화를 수용할 줄 안다.

19. 팀원들은 필요한 지원이나 지시를 제공하기 위해 다양한 행동을 취할 수 있다.
20. 예상되는 위험은 지원한다. 실수는 배우는 기회로 받아들인다.

O: 최상의 성과

21. 팀은 지속적으로 의미 있는 성과를 생산한다. 주어진 일은 완수한다.
22. 팀은 목표 성취를 향해 높은 기준과 척도에 맞추고자 전력을 다한다.
23. 팀은 목표를 달성하기 위해 문제 해결 및 의사결정 과정을 효율적으로 수행한다.
24. 팀은 실수를 통해 배우고 문제점을 꾸준히 개선해나가기 위해 최선을 다한다.
25. 팀은 다른 팀이나 판매업체, 고객 들과의 활동을 적절하게 조직할 수 있다.

R: 인식과 인정

26. 리더와 팀원들은 팀과 팀원 개개인의 성취를 인정한다.
27. 조직은 팀이 기여하는 바를 가치 있게 받아들이며 제대로 인식하고 있다.
28. 팀원들은 팀에서 확실히 존중받고 있다고 느낀다.
29. 팀원들은 팀에 기여하면서 개인적 만족을 느낀다.
30. 팀은 성공과 획기적인 성과를 기꺼이 축하한다.

M: 사기

31. 팀원들은 일에 자신감과 열정을 가지고 있다.
32. 팀의 일원으로서 자부심과 만족감을 느낀다.
33. 팀원들은 서로를 신뢰한다.
34. 팀원들은 서로를 지원하며, 도움을 주고받는다.
35. 팀은 서로 열심히 일하고 열심히 즐길 것을 권한다.

"감사합니다. 이거 정말 유익하네요."

평가지에서 눈을 뗀 댄이 1분 경영자를 보며 말했다.

"함께 일했던 기획팀의 점수를 매겨보니 항목마다 4, 5점은 나오네요. 목적도 분명하고, 임파워먼트 역시 충분하다고 느끼는 데다, 관계와 의사소통 역시 만족스럽고, 유연성도 충분하고, 수준이나 실적 역시 높을뿐더러, 응당한 인식과 인정도 뒤따르고 있고, 사기도 충만했어요."

잠시 말을 중단했던 댄이 다시 입을 열었다.

"하지만 안타까운 점은 대부분의 집단이 이런 평가를 내릴 수가 없다는 거죠."

"네, 참 안타까운 사실이에요."

"모든 업무 부서가 PERFORM 팀임을 자부할 수 있다면 더할 나위 없이 좋을 텐데요."

"분명 그렇겠죠. 그렇게만 된다면 사기와 생산성이 엄청나게 올라갈 겁니다. 전에 어떤 학교 게시판에 포스터가 붙은 걸 본 적이 있는데, 팀을 발전시키는 것의 중요성을 잘 지적했더군요. 바로 이런 문구였습니다."

“

우리 중 누구도 우리 모두만큼 똑똑할 수는 없다.

”

5 비전의 중요성

"아주 정확한 표현이네요."

1분 경영자가 포스터 문구의 내용에 공감하며 말을 이었다.

"그런 믿음을 가지고 행동한다면 자기 자신이나 자신이 하는 일에 대해 전혀 다르게 느끼게 될 텐데 말이죠. 오늘날 사람들이 원하는 것도 바로 그런 것이잖아요. 다들 두둑한 월급 못지않게 성취감을 바라지요."

"그렇다면 PERFORM에서는 특히 어떤 항목을 중시해야 할까요?"

"그런 건 없습니다. 저마다 기능이 다르니까요. 효율적인 팀은 분명한 '목적'과 일련의 '가치'들을 세우고 출발합니다. 희망하는 최종 결과는 '최상의 성과'와 높은 '사기'이지요. 그리고 그 종착지를 향하는 수단이 바로 '임파워먼트', '관계'와 '소통', '유연성', '인식'과 '인정'입니다."

"그렇다면 효율적인 리더가 가장 먼저 해야 할 일은 팀이 정확한 방향으로 나아갈 수 있도록 공동의 목적을 제시하는 것이겠군요."

댄이 말했다.

"필수적인 일이죠. 공동의 목적은 팀원들에게 팀이 무엇을 성취하려고 하는지, 왜 함께 일하고 있는지를 알려줍니다. 의미를 부여하고 같은 방향을 향할 수 있도록 해주는 거지요. 또 팀은 일련의 가치들에 대한 합의를 이끌어내야 합니다. 그러한 가치들을 바탕으로 팀은 선택을 하고, 목적을 추구하는 방식을 결정합니다. 목적과 가치는 두말할 나위 없이 너무나 중요합니다. 저명한 조직 이론가인 찰스 핸디(Charles Handy)는 이렇게 표현했지요."

> 어떤 조직이건 결속되고자 한다면
> 목적과 수단에 대한
> 신념을 공유하는 것만이 유일한 길이다.

"저는 최근에 목적과 가치의 중요성과 관계된 인상적인 이야기를 하나 읽었습니다."

1분 경영자가 말했다.

"어떤 두 사내가 커다란 망치로 화강암에 망치질을 하고 있었는데, 그중 한 사람에게 뭘 하고 있느냐고 물었더니 이렇게 답했답니다. '먹고살려고 돌 쪼개고 있소.' 나머지 한 사람에게도 같은 질문을 던졌는데, 그는 이렇게 대답했습니다. '이곳 일에 힘을 보태고 있소. 나는 이 대성당을 짓는 팀에 속한 사람이오.' 목적은 성과와 헌신을 불러오지요. 어디로 향해야 하는지를 알고, 모든 것을 한 방향으로 움직이는 일은 대단히 중요합니다. 그러나 공유된 목적과 가치를 중심으로 모두를 가지런히 정렬하도록 만드는 것은 높은 성과를 내는 팀으로 가는 첫걸음에 불과합니다."

"바로 그 점이 고민인데요, 높은 성과를 내는 팀이 어떻게 기능하는지 알면 유용하다는 건 알겠는데, 어떻게 그런 팀이 될 수 있는지는 여전히 모르겠습니다."

"음, 어쩌다 보니 그렇게 되는 건 절대 아니죠. 예전처럼 그 방법을 전혀 모르는 것도 아니고요. 지난 50년간 집단의 역학과 발전, 리더십 등에 대해 상당히 많은 연구가 이뤄졌습니다. 다만 대다수 조직들이 그러한 연구 결과를 효율적으로 활용하지 못하고 있을 뿐이지요. 생산성과 품질, 만족도를 향상시키는 데 팀이 얼마나 효과적인지 최근에야 다들 깨닫고 있습니다."

• 임파워먼트 도구 1 •
진단

"그렇군요."

댄은 1분 경영자의 말에 수긍하며 물었다.

"높은 성과를 내는 팀을 향해 나아가는 여정에서 뛰어난 리더가 되려면 어떻게 해야 할까요, 또 팀원들을 어떻게 도울 수 있을까요?"

"최고 성과 팀으로 발전하는 과정 전체는 크게 3가지 기술에 의해 뒷받침되어야 하는데, 이는 리더뿐만 아니라 팀원들에게도 해당됩니다. 첫째로는 '진단'을 들 수 있습니다. 둘째는 '유연성', 그리고 셋째는 '조화'입니다."

1분 경영자는 설명을 계속했다.

"우선 진단에 대해 알아봅시다. 팀의 발전과 생산성을 촉진시키려면 집단에 존재하는 역학과 행동 패턴에 대한 이해가 필수입니다. 유능한 리더나 팀원이라면 분명 그저 듣고 말하는 것 이상을 하고 있기 마련이지요. 그리고 한창 활동하고 있는 팀을 관찰하는 기술이야말로 다른 무엇보다 중요하지 않을까 싶은데요. 집단은 지극히 복잡합니다. 팀의 규모가 커짐에 따라, 상호작용 패턴이나 하위 집단은 무수히 증가하지요. 이를테면 어떤 집단에 2명이 있다면 하위 집단은 하나뿐이지만, 팀원이 4명이라면 하위 집단이 11개로 껑충 늘어납니다. 8명이 있다면 무려 247개가 되지요. 이처럼 복잡성을 띠기 때문에, 집단이 어떤 상황에 놓인 건지 이해하게 해줄 관찰 방법을 습득해야 합니다."

"아, 이제 알겠네요! 그런 식이니 팀에서 무슨 일이 벌어지는지 파악하기가 도무지 불가능해 보이는 거군요."

집단의 역학을 이해하라

"'내용'은 팀이 현재 하고 있는 것, 즉 팀에 주어진 업무를 말합니다. 예를 들어, 나중에 어떤 사람이 우리 둘이 오늘 점심에 뭘 했느냐고 묻는다면 당신은 집단의 중요성과 특징을 주제로 대화를 나누었다고 말하겠지요. 우리는 다들 내용을 따라가고 과정은 무시하도록 교육받았으니까요. 내용은 오늘 약속에서 '무엇'을 했는가를 가리킵니다. 반면에 '과정'은 집단이 '어떻게' 기능하고 있는지를 가리킵니다. 과정은 집단의 구성원에게, 그리고 그들 사이에 무슨 일이 일어나고 있는지를 설명해주는 것이지요. 이를테면

집단/팀의 상호작용을 구성하는 요소

```
           집단의 상호작용
           /           \
        내용            과정
         |              |
        무엇이          어떻게
         |              |
        업무           집단기능
```

리더십을 둘러싼 싸움이나 소통, 의사결정 방식 같은 것이 해당됩니다. 과정을 이해하려면 집중해야 하는데, 불행히도 사람들은 과정에 그다지 주목하지 않을 때가 많습니다. 그러나 과정은 성과에 직접적인 영향을 미치는 만큼 무엇보다 중요합니다. 집단의 과정을 들여다볼 줄 모르는 리더는 회의에서 의제가 성취되었는데도 왜 사람들이 만족하지 못하는지 도통 이해할 수가 없겠죠. 그러한 리더라면 복도, 화장실, 계단, 엘리베이터, 주차장을 가리지 않고 시시때때로 '아, 회의에서 이걸 말했어야 했는데!' 싶은 것들만 새록새록 떠오를 겁니다."

1분 경영자가 말했다.

"자, 이 목록은 제가 집단에서 과정을 관찰할 때마다 요긴하게 쓰는 겁니다."

1분 경영자가 자신의 노트에 다시 뭔가를 쓰면서 말했다.

그는 다 적은 노트를 뜯어 보여주었는데, 거기엔 이렇게 적혀 있었다.

집단에서 관찰할 것들

- 소통과 참여
- 의사결정
- 갈등
- 리더십
- 목표와 역할
- 집단 규범
- 문제 해결
- 집단의 분위기
- 개인의 행동

"'소통'과 '참여'란 누가 누구에게 말하는가, 누가 소외되고 있는가, 누가 가장 많이 말하는가 하는 등의 문제에 관한 것입니다."

목록을 건넨 1분 경영자는 설명을 시작했다.

"'의사결정'은 어떤 집단이 다수결의 원칙이나 합의 도출, 반응 부재 등과 같은 행동 방침을 선택하는 방식과 연관되어 있습니다. '갈등'은 문제에 대한 효과적이고 창조적인 해결안을 찾는 과정에서 불가피하게 필요한 것입니다. 집단 내에서 갈등을 다루는 방식에는 회피, 타협, 경쟁, 협업 등이 있지요. '리더십'은 누가 누구에게 영향을 미치는가 하는 문제입니다.

또, 효율적인 팀이 되기 위해선 '역할(누가 무엇을 하는가)'과 '목표(성취하고자 하는 바)'가 명확해야 합니다. '규범'이란 집단 구성원들이 가지고 있는 추측이나 기대를 뜻하는데, 이는 집단 내에서 어떤 행동이 적절하고 어떤 것이 적절하지 않은지 가늠하게 해줍니다. 규범은 집단의 행동을 규제하는 기본 규칙인 셈이지요. 집단을 관찰할 때는 어떤 규범들이 가장 두드러지는가 하는 점을 살펴볼 수 있겠지요. 효과적인 '문제 해결'은 문제가 무엇인지 파악하고 명시하며, 대안적인 해결 방안을 만들고, 그 결과를 분석하고, 실행 계획을 세우고, 평가하는 것 등을 포함합니다. 집단이 문제를 어떻게 해결하는지를 살피는 거지요. '집단의 분위기'는 구성원들의 느낌이나 어조, 기색 등을 가리키는데 이를테면 팀원들이 평소 얼마나 즐거워 보이는지 관찰하는 것을 말합니다.

마지막으로 '개인의 행동'은 과제를 성취하거나 집단이 제대로 기능하게 하기 위해 팀원들은 무엇을 하고 있는가에 초점을 맞추는 것입니다. 개별 팀원들은 종종 자기 지향적인 모습을 보이며, 집단보다는 자신의 욕구에만 집중할 때가 있거든요. 언제 그렇게 되는지 파악하는 일도 몹시 중요하지요."

"주의 깊게 살펴볼 게 한두 가지가 아니네요. 팀의 일원이라면 말이죠."

"그렇습니다. 하지만 집단의 리더라면, 그리고 팀원들도 마찬가지인데, 모두가 참여형 관찰자가 되는 기술을 익힐 필요가 있습니다."

"참여형 관찰자라니, 어떤 걸 말씀하시는 거죠?"

댄이 물었다.

"어떤 내용이나 의제건 간에 일단은 온전히 열중해야 하지만, 그와 동시에 한 걸음 물러서서 집단에서 일어나고 있는 역학을 관찰할 수 있어야 한다는 말이죠."

"그러니까 예컨대 다 같이 어떤 결정을 내리고 있다면 나는 그 결정 자체에 참여하고 있어야 하지만, 한편으론 그 결정이 어떻게 이뤄지고 있는지 또한 의식하고 있어야 한다는 거네요."

"네, 바로 그겁니다. 어떤 결정이 한두 명에 의해 일사천리로 통과됐을 때, 다른 사람들의 동의 여부를 확인해보지 않는다면 노 없이 맨손으로 강에 나간 꼴이 될 수도 있어요. 막상 그 결정을 시행하려 할 때 아무도 나서서 지원하지 않을 수도 있지요."

"분명 그런 적이 있었죠."

댄이 씩 웃으며 맞장구쳤다.

"하지만 참여자이면서 동시에 관찰자가 되어야 한다니, 꽤나 어려운 일일 것 같은데요."

"처음엔 그럴 겁니다. 그러나 참여형 관찰자가 되는 기술은 인간이 지닌 다른 기술과 별반 다를 바 없습니다. 배우거나 익혀서 몸에 배도록 할 수 있어요."

"일종의 도전이랄 수 있겠군요."

"그렇죠. 집중과 훈련이 필요한 일이니까요. 우선은 집단에서 진행되고 있는 역학을 관찰하고 추적하는 법을 배우는 것부터 시작해야 합니다. 집단 내의 역학을 이해하는 것은 집단의 기능과 발전 단계를 진단하는 열쇠이지요."

· 집단 발전의 1단계 ·
형성기

며칠 후 댄은 한 집단을 직접 관찰해볼 기회를 얻었다. 1분 경영자가 그를 위해 회사의 최고운영책임자(COO)인 론 틸먼이 주재하는 성과 평가 태스크포스에 참여할 수 있도록 해준 것이다.

약속 당일인 월요일 댄은 회의 시간보다 조금 일찍 도착했다. 그런데 회의 참가자들은 모두 나와 있었고, 커피를 마시며 유쾌하게 담소를 나누고 있었다. 댄도 웃으며 대화에 동참했다.

2시 정각이 되자 대화는 딱 그쳤다. 회의실에 쾌활해 보이는 50대 초반의 한 남자가 들어왔다. 그는 댄에게 다가와 손을 내밀었다.

"안녕하십니까, 론 틸먼입니다. 여기까지 오시다니 반갑습니다."

그는 다른 팀원들과도 인사를 나눈 후, 사람들에게 댄을 소개하고 회의를 시작했다.

"저는 지금 이 태스크포스 때문에 상당히 들떠 있습니다. 우리 회사에 엄청난 영향을 미칠 수 있는 몹시 중요한 팀이기 때문입니다. 우리는 성과 평가 시스템을 검토하는 임무를 맡아, 조직 전반에서 보다 진일보한 수준의 동기부여와 성과를 창출해내는 데 기여하고자 합니다. 모든 이가 선명한 목표를 설정하고, 그 목표와 관련해서 자기가 어떻게 해야 하는지 깨달아 성취한 바를 검토하고 평가하는 데 필요한 틀을 갖출 수 있도록 해주어야 성공적인 시스템이라 할 수 있습니다. 또, 관리자들이 한층 효율적으로 직원들의 역량과 헌신을 끌어올리는 데도 도움이 되어야만 하지요.

저는 우리 직원이나 고객 모두를 이롭게 하는 회사가 되는 데 우리가 개발하는 시스템이 보탬이 되었으면 하는 바람을 가지고 있습니다. 상당히 복합적인 과제이지요. 우리는 함께 일하고, 개방적으로 소통하며, 리더십과 의사결정상의 책임을 공유하고, 높은 성과를 내는 팀으로 거듭나는 방법을 배워야 할 겁니다.

이 과제에는 한 달이라는 시간이 주어져 있습니다. 첫 단계는 우리의 임무를 명확히 하고, 목표와 그 목표를 성취하는 데 있어 각자 맡을 역할을 합의하는 것입니다."

론은 회의 테이블 상석에 놓인 커다란 차트에 팀의 역할과 목표를 써 내려갔다.

댄은 회의 서두를 이끌어가는 론의 효율성에 감탄했지만, 한편으론 그 단도직입적인 모습에 조금 불편함을 느꼈다. 또, 이 팀이 지닌 열망은 주목할 만했지만 그들이 품은 기대 자체는 다소 비현실적이라는 생각도 들었다(그러한 과제를 한 달 안에 달성할 수 있다고 생각한다든지 하는 점을 보면 특히 그랬다). 댄은 계속해서 회의를 지켜보면서 론이 사람들의 열의를 끌어내려 하기보다는 과제를 잘 수행할 것을 계속

강조하는 모습에 놀랐다.

회의가 끝난 후 댄은 론과 마주했다.

"우리의 첫 회의를 어떻게 보셨습니까?"

론이 물어왔다.

"솔직히 말씀드리자면, 잘 모르겠네요."

댄이 대답했다.

"팀원들에게 큰 그림을 제시하시는 방식이나 첫 포문을 여는 방식은 좋았습니다. 하지만 팀원들이 과제에 대해 우려를 나타내는 모습도 눈에 띄었고 일부는 긴장한 듯이 보였습니다."

"그랬을 겁니다. 새로운 팀이 꾸려질 때면 팀원들은 팀에 어떻게 맞춰야 하나 걱정을 하기 마련입니다. 그러다 보면 팀원들 간에 경계심이나 불신이 생깁니다. 그리고 자연스럽게 경계심과 흥분이 뒤섞인 감정을 가지게 되지요. 제 리더십에 대해선 어떻게 보셨습니까?"

"글쎄요."

댄이 살짝 웃으며 답했다.

"약간 단도직입적이시더군요. 제가 예상했던 것보다 더 그랬는데, 그게 효과가 있는 듯했습니다. 제 걱정과는 달리 팀원들의 열의를 떨어뜨리진 않았습니다. 오히려 다소 안도하는 것처럼 보이기도 했어요."

"팀원들이 일을 시작할 수 있는 확실한 기반을 잡은 것 같습니까?"

"분명 그럴 겁니다. 다들 팀의 목적에 대해 대략적인 감을 잡은 것 같았고 목표와 역할, 기본 규칙도 이해하기 시작한 듯했습니다."

"제가 바란 대로군요."

론이 미소를 띠었다.

"새로 꾸려진 팀은 목적을 파악하고 팀의 가치와 목표, 각자의 역할, 팀의 규범, 의사결정 절차 등을 명확히 해야만 합니다. 그런데 팀원들이 그리 보였다니 기쁘군요. 오늘 함께해주셔서 감사합니다."

그날 오후 댄은 1분 경영자를 방문했다.

"성과 평가 태스크포스를 방문해보니 어떻던가요?"

1분 경영자가 물었다.

"좋은 경험이었습니다. 공동의 목적을 창출하는 것과 관련해 일전에 말씀하신 그대로였습니다. 론 씨는 기대하는 바와 목표의 윤곽을 제시하는 데 상당한 시간을 할애했습니다. 모두들 열의를 보였지만, 다만 방향을 잡아줄 필요는 있는 것 같았거든요. 그리고 론 씨는 바로 그러한 리더십을 발휘했고요. 이런 것들이 높은 성과를 내는 팀을 구축하는 비법이라면, 저도 이제 알게 된 것 같네요. 리더가 주도해야 한다는 거죠."

"그렇게 단순하진 않아요. 여기서 짚고 넘어가야 할 건, 그 자리는 팀의 첫 회의였고, 팀원들은 과제와 목표, 책임을 명확히 할 필요가 있었단 사실입니다. 모든 팀은 발전하는 과정에서 일정한 단계들을 거치는데, 방금 말씀하신 내용은 첫 단계에 속하는 팀에서는 꽤 전형적이라 할 만한 것들입니다. 저는 그런 단계를 형성기 또는 1단계라고 부릅니다. 이걸 보시면 1단계에서 어떤 일들이 벌어지는지 알 수 있을 겁니다."

1단계: 형성기

특징

- 중간 정도의 열의
- 기대가 높거나 때때로 비현실적임
- 역할, 책임, 수용 여부, 다른 팀원에 대한 신뢰, 할애해야 하는 시간 등에 대해 불안해함
- 머뭇거리거나 순응적인 행동
- 목적, 규범, 목표, 결과물, 역할, 책임, 체계가 충분히 명확하지 못함
- 팀이 나아가야 할 방향을 제시하는 데 있어 권위나 리더에 의존함
- 업무 경계를 시험해보는 단계

필요한 것

- 팀의 목적, 가치, 규범에 대한 명확한 합의
- 일을 완수하기 위한 목표, 역할, 전략의 합의
- 소통, 의사결정, 책임을 실행하는 방식의 합의
- 권한과 경계의 범위 합의
- 유용한 자원 및 지원에 대한 정보
- 다양한 재능을 활용하기 위한 파악 과정

과제

- 개개인의 행복감
- 수용
- 신뢰

댄은 1분 경영자가 건넨 카드를 받아 읽어보았다.

"1단계가 정말로 중요해 보이네요."

카드를 읽으며 댄이 말했다.

"충족되어야 할 게 꽤 많아요."

"맞아요. 이 단계에서 팀은 앞으로의 업무를 위해 든든한 기반이 되어줄 팀 헌장(team charter)을 만들고 필요한 것들이 전부 다 충족되었는지 점검해야 합니다."

1분 경영자가 수긍했다.

"아마도 대부분의 팀은 이처럼 명백한 팀 헌장을 작성하는 과정을 건너뛰거나 피상적으로 처리해버리지 않을까 싶은데요."

댄이 우려하며 말했다.

"정말로 그렇지요. 하지만 팀 헌장을 작성하는 일은 너무나 중요하기에 작성 모델을 따로 만들어두었습니다."

1분 경영자는 댄에게 문서 하나를 건넸다.

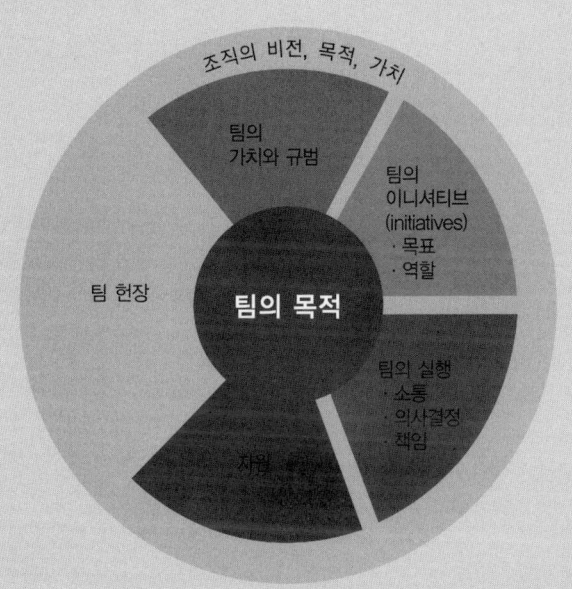

팀 헌장은 팀이 성취하고자 하는 바와 그것이 왜 중요한지, 결과에 도달하기 위해 어떻게 함께 일할 것인지 등에 대한 일련의 합의를 명확하게 서술한 문서다.

1. **조직의 비전, 목적, 가치**는 팀 헌장의 기초를 이룬다. 팀이 왜 존재하는지 그 맥락을 밝혀준다.
2. **팀의 목적**은 조직의 목표와 동일 선상에 있어야 한다. 팀이 무엇을, 누구를 위해 존재하는지, 그리고 왜 중요한지 규정한다. 이상적인 미래상인 팀의 비전은 팀의 목적을 더욱 선명하게 보여주며, 팀이 목적을 성취하고 가치를 구현한 상태를 설명한다.
3. **팀의 가치**는 팀의 행위에 지침이 되는 상시적인 원칙으로, 조직의 가치를 기반으로 한다.

    팀의 규범은 부가적인 기본 규칙으로 팀원들에게 적절한 행동인지 여부를 규정해준다.
4. **팀의 이니셔티브**는 팀이 목적을 성취하는 데 있어 중점이 되는 포괄적인 영역들로 이뤄져 있다.

    목표는 성공에 필요한 결과물 및 스케줄을 규정한다.

역할은 팀을 성공적으로 운영하기 위해 개별 팀원들의 책임을 정의한 것이다.

5. **팀의 실행**은 팀이 업무를 완수하는 데 필요한 전략과 절차를 명확하게 밝히고 확립하는 것이다.

   소통은 정보의 공유를 보장하는 것으로, 공유되어야 하는 정보의 종류와 정보를 알려줘야 하는 이해 당사자를 포함한다. 또한 회의를 주재함에 있어 팀원들의 역할을 확립해주는 것이기도 하다.

   의사결정은 팀이 의사결정을 할 때 그 권한의 경계와 절차를 정의하는 것이다.

   책임은 팀원들이 자신들의 책무를 놓고 서로 어떻게 책임을 나눌 것인지에 대한 합의를 세운 것이다.

6. **자원**은 유형의 재료로, 팀의 목표 달성을 지원한다.

정리된 내용을 다 읽고 나서 댄이 말했다.

"와, 이 모델을 그대로 잘 따르기만 하면 아주 훌륭하게 첫발을 내디딜 수 있겠는데요."

"맞아요. 우리 회사에서 이 모델을 적용하기 시작한 다음부터는 비록 처음에는 시간이 좀 더 들긴 하지만 팀이 훨씬 빨리 단합하더군요."

"그러니까 형성기는 팀이 첫 단추를 제대로 끼우게 해주는 단계네요."

"네, 그렇습니다."

1분 경영자는 미소를 지으며 말을 이었다.

"형성기는 마치 개들이 서로 처음 마주쳤을 때와 비슷해요. 흥분해서 달려들지만, 같이 뛰놀기 전까진 잔뜩 경계한 채 상대를 이리저리 살피지요. 저는 그걸 '킁킁거리는 단계'라고 부릅니다. 그러다 팀이 발전해나가면서 차츰 다른 단계로 옮겨가게 됩니다."

"아, 뭔지 알겠습니다."

댄도 개들을 떠올리곤 같이 웃었다.

"그러니까 단계가 여럿 있으니, 팀이 성장하면서 상황이 바뀐다는 말씀이시군요."

"바로 그겁니다. 그런데 다른 단계들에 대해 말씀드리기 전에, 우리 회사에 론의 팀보다 약간 더 진전된 팀이 있는데 그 팀을 한번 방문해보셨으면 합니다. 바로 생산성 향상 팀으로, 지난 몇 주 동안 회의를 하며 고객 불만 및 청구 관련 이슈들을 검토하고 있습니다. 제가 다음번 회의 일정을 알아보고 참석해도 되는지 한번 물어보지요."

1분 경영자가 말했다.

"저야 감사하죠. 제가 내일 전화드릴게요."

댄은 1분 경영자의 친절이 새삼 고마웠다.

"아뇨, 지금 바로 알아볼게요."

1분 경영자는 그 자리에서 바로 수전 섀퍼에게 전화를 걸었다.

"수전, 최고 성과 팀에 대해 배우는 중인 젊은 분이 있는데, 혹시 당신네 태스크포스에서 하는 다음번 회의 때 참관해도 될까요?"

댄에게 직접 들리진 않았지만, 수전은 이렇게 답했다.

"참관은 하셔도 되는데, 우리 팀을 보고 효율적인 팀에 대해 배우게 될 것 같진 않아요."

• 집단 발전의 2단계 •
갈등기

"바로 그래서 연락드린 겁니다."

1분 경영자가 수전의 말에 답했다.

"집단이 어떻게 성장하고 발전하는지 이분이 직접 보셨으면 해서요. 방금 말씀하신 걸 보아하니, 당신의 팀은 두 번째 단계에 들어선 것 같네요. 다른 팀들도 대부분 그런 단계를 맞닥뜨리는데, 이를 '갈등기' 또는 '2단계'라고들 하지요."

"그런 것 같아요."

수전이 동의했다.

"우리 팀 회의는 수요일 오후 2시에 있습니다. 그분께 1시 45분까지 제 사무실로 오라고 전해주세요. 제가 간단히 상황을 설명해드릴게요."

1분 경영자는 댄에게 수전의 약속 내용을 알려주었다. 약속한 수요일 오후, 댄은 사무실 밖 복도에서 수전을 만났다.

"안녕하세요. 1분 경영자께서 참관을 주선해주셔서 찾아왔습니다."

댄이 말했다.

"네, 안녕하세요. 좀 있으면 팀의 네 번째 회의를 시작할 겁니다. 우리 태스크포스 팀은 선적 부서에서 4명, 회계 부서에서 2명, 영업 부서에서 온 3명에 정보서비스 부문 책임자 한 명으로 이뤄져 있습니다. 우리는 청구 및 외상 매출 계정 관련 절차를 개선하고 고객 불만을 줄이려고 해요. 지금은 문제가 되는 부분이 정확히 어디인지 짚어내느라 난항을 겪는 중입니다. 일단 회의에 참가하시되 약간 떨어져 앉아 지켜보시면 어떨까 하는데요."

이렇게 말하고 난 뒤 수전은 자기 자리에 가서 회의를 준비했다.

차차 사람들이 모이기 시작했다. 댄은 구석에 자리를 잡고 앉았다.

수전은 2시 5분쯤 회의를 소집했다. 그러자 한 사람이 모두가 다 올 때까지 기다리자고 말했다. 그때 다른 한 사람은 갑작스레 자리를 뜨더니 복도로 나가버렸다. 2시 10분 즈음에야 모두가 모였다. 수전은 회의를 시작하며 말문을 열었다.

"이로서 네 번째 회의입니다. 그간 청구 업무의 정확성을 높이고 고객 불만을 감소시키겠다는 목표를 정했습니다만, 과제를 성취할 만한 명확한 전략이나 행동 계획에 관해서는 아직 합의에 이르지 못했습니다."

그러자 영업 부서의 샘이 받아쳤다.

"그러게요, 우리는 회계 부서에 우리 쪽 주문에 대한 정확한 정보를 드리고 있거든요. 그런데 그쪽에서 그 정보를 제대로 파악하지 못하고 있는 것 같습니다."

즉시 회계 부서 팀원과 컴퓨터 시스템 담당자가 반발하고 나섰고, 순식간에 모든 이들이 각자 떠들기 시작했다. 회의장은 일대 혼란에 빠졌다. 댄은 토의 내용을 도무지 파악할 수가 없었다.

그렇게 약 5분이 흐르자 수전이 테이블을 탁탁 치며 토의를 중지시켰다.

"잠시만요. 이래서는 아무것도 할 수 없습니다. 모든 분이 한꺼번에 말씀하고 계시는군요. 한 분씩 차례대로 발언하도록 합시다. 돌아가며 짧게 한마디씩 말씀하시고요. 각자 본인이 가장 중요하다고 생각하는 이슈가 무엇인지 밝혀봅시다."

그 과정을 거치면서 몇몇 이슈가 차츰 명확해지는 듯했다. 그러나 중요한 부분이 어느 정도 파악되기 시작했음에도, 여전히 다들 짜증을 거두지 못하는 모습이었다.

"음, 어떻게 보셨어요?"

3시 30분쯤에 회의를 마무리하고 난 수전이 댄에게 물었다.

"혼란스럽네요. 회의 내내 가시방석에 앉은 느낌이었어요. 모두들 언짢아 보였고 심지어 어떤 분들은 화가 났더라고요. 당신은 팀의 과제로 주의를 환기시키려고 통제권을 쥐고 사람들에게 참가를 요구했지요. 하지만 회의 참가자들은 당신이나 다른 참가자들에게 도전적인 자세를 취했어요. 그렇지 않은 사람들은 집단에서 발을 빼고 싶어 하는 듯이 보였습니다. 그런데 당신은 회의가 끝날 무렵에는 참가자들을 격려해주었습니다. 그전까지는 비난을 하셨는데 말입니다."

댄은 자신이 느낀 바를 솔직하게 이야기했다.

"혼란스러울 만하죠. 거기에 대해선 나중에 좀 더 이야기를 나누면 좋겠군요. 지금은 다른 약속이 있어서요."

수전은 급히 자리에서 일어섰다.

회의실에서 나오며 댄은 생각했다.

'이 회의는 내가 지금껏 몸담았던 숱한 집단들을 떠오르게 하는군. 내가 이래서 집단이나 회의를 좋아할 수가 없는 거지. 뭐라더라……'

❝

어떤 이들은 회의는 시간을 내서
시간을 낭비하는 일이라고 말한다.

❞

댄은 이 문장을 떠올리고는 혼자 웃었다.

'‘위원회를 모아 말을 설계하면 낙타가 나온다’는 말보단 낫군. 물론 그 속담도 내 경험에 잘 맞아떨어지지만.'

그날의 경험을 논의하려고 1분 경영자를 만나러 가면서도 댄은 내내 머릿속을 정리할 수가 없었다.

"굉장한 회의였습니다."

1분 경영자의 사무실에 들어서며 댄이 말을 꺼냈다.

"가장 헷갈리는 점은 왜 2단계라고 하셨는지 모르겠다는 겁니다. 제가 보고 온 집단은 1단계라고 말씀하신 집단보다 더 생산적이거나 우호적으로 보이지 않았습니다."

"분명 그랬겠죠."

1분 경영자는 싱긋 웃었다.

"예상했던 바입니다. 그래서 그 단계를 '갈등기'라고 부르는 겁니다. 새로 생긴 팀에서 허니문이 끝나고 나면 그런 상황이 벌어집니다. 여기를 보시면 그 단계에서 무엇이 벌어지는지 설명되어 있습니다."

1분 경영자는 댄에게 카드를 건넸다.

2단계: 갈등기

특징
- 목표, 결과물, 역할, 책임을 둘러싼 혼란과 좌절
- 기대와 현실 사이의 간극
- 주목 끌기, 권력, 의사결정 권한을 놓고 경쟁이 벌어짐
- 구성원들 사이에서 파벌이 형성됨
- 공격이나 물러서는 태도를 통해 갈등이 드러남
- 권위에 의지해야 하는 것에 대한 불만이 쌓임
- 과제 중 일부는 달성하나, 무력감이나 낮은 자신감이 동반됨

필요한 것

- 큰 그림을 명확하게 하기
- 팀의 목적, 가치, 규범, 목표, 역할, 팀 업무 및 자원을 재확인하거나 명확히 하기
- 대인 관계 및 업무 기술을 발전시키기
- 정보에 접근하기
- 차이를 인정하기
- 갈등에 대한 공개적이고 솔직한 토론
- 격려하기, 안심시키기, 진전을 인식하기

과제

- 권력
- 통제
- 갈등

"아, 그렇게 효율적인 단계가 아니군요?"

카드를 읽던 댄이 말했다.

"잠깐만요, 지금 성급하게 결론을 내리고 있는 데다 섣부른 추측도 섞여 있어요. 저는 2단계라고 했지, 생산적이지 않은 단계라고 한 적은 없습니다. 2단계는 생산적인 팀이 되어가는 과정에서 어떤 팀이건 다 거치는 단계일 뿐이에요. 이 단계를 피해갈 수 있는 팀은 거의 없다고 봅니다."

"그럼, 모든 팀이 이렇게 나쁘고 비생산적인 단계를 거치게 된단 말씀이신가요?"

"그렇습니다. 하지만 저는 그걸 '나쁜' 단계라고 말하진 않겠습니다. 사춘기 아이들을 보고 '나쁜 사람'이라고 말하진 않으니까요. 그저 팀이 발전하는 과정에서 겪어야만 하는 단계인 겁니다. 물론 이 단계는 권력 투쟁과 갈등을 그 특징으로 하지만, 그게 또 한편으론 창의성을 키우는 밑거름이기도 하고 서로 간의 차이를 확인하고 평가해보는 기회이기도 하니까요."

"글쎄요, 제가 보기엔 생산성도 그다지 좋지 않을뿐더러 사람들 기분까지 엉망이 되는 것 같던데요. 구성원들이 서로를 좋아하지도 않았고 사기도 낮았습니다."

"맞아요. 팀에 그런 상황들이 꼬리에 꼬리를 물고 생겨나지요. 구성원들이 주어진 과제가 애초에 기대했던 것보다 어렵다는 사실을 깨달으면서 사기나 헌신도가 한풀 꺾입니다. 아까 그 카드에도 적혀 있듯이, 리더에게 불만을 품기도 합니다. 팀원들 사이에서도 그렇고요. 또 목표가 너무 높아 보이기 때문에 더러 부정적인 방향으로 생각하기도 합니다. 혼란스러워하거나 무능하다고 느낄 수도 있지요. 그러다가 때때로 사기가 떨어지기도 하고요. 사실, 어떤 집단은 아예 이 단계에서 시작하는 경우도 있습니다. 특히 조직을 다운사이징(downsizing)해야 한다든지 하는 썩 내키지 않는 과제가 주어진 경우엔 더욱 그렇지요. 구성원들이 자원해서 온 게 아니라든가 위원회에 배정된 것이 추가 업무처럼 느껴진다면, 그 집단은 사기도 생산성도 낮은 상태에서 출발하는데 그게 바로 2단계이지요. 하지만 여기서 다음과 같은 점을 명심할 필요가 있습니다."

> 발전하는 도중이라면 나쁜 단계란 있을 수 없다.
> 각각의 단계는 최종 단계로 향하는
> 여정의 일부일 뿐이다.

"집단은 갈등기 특유의 문제들을 돌파해나갈 필요가 있습니다. 좌절과 혼란을 드러내도록 독려해서 그러한 감정들에 대처하고 해소해야 하지요."

"맞는 말씀이시긴 하지만, 제 경험은 대부분 조금 전에 목격했던 상황과 다를 바 없어서요. 집단과 팀에 대해 말씀하신 개념을 현실에 적용할 수 있을지 회의가 듭니다."

댄이 낙담한 표정으로 대답했다.

• 집단 발전의 4단계 •
성취기

1분 경영자는 댄에게 한 가지 제안을 했다.

"그럼 이야기를 더 진행하기 전에 다른 팀을 하나 더 관찰해보시죠. 집단이 발전하는 과정에서 벌어지는 일에 대해 여러 생각이 들게 해줄 겁니다."

선적 부서의 정례 회의는 매주 월요일 오전 8시 45분에 있었다. 댄은 아침 일찍 잠에서 깨어 오늘 관찰할 팀에 대해 궁금해했다. 그는 아침을 부랴부랴 챙겨 먹고 차에 올라탔다. 그런데 그때 문제가 터졌다. 차가 꿈쩍도 하질 않는 것이었다. 갖가지 시도를 해봤지만 시동은 걸리지 않았다.

결국 댄은 황급히 택시를 불렀다. 그가 도착했을 때는 회의가 시작한 지 10분이 흐른 뒤였다. 슬며시 문을 열고 들어간 그는 뒤쪽에 자리를 잡았다. 그래도 눈에 띄는 건 어쩔 수 없었다. 그곳에 있던 15명 모두가 하던 일을 멈추고 한 명씩 돌아가며 댄에게 환영 인사를 건넸다. 사람들이 원탁에 와서 앉으라고 권했지만 댄은 사양했다. 소개가 모두 끝나자 팀은 다시 하던 일로 돌아갔다.

댄은 회의를 지켜보면서 사람들이 상당히 열정적으로 과제에 임하고 있음을 발견했다. 그들은 어떤 절차에 걸리는 시간을 15퍼센트 단축하는 방법을 고심하고 있었다. 사람들은 벽에 붙은 표와 그래프를 지적하고 있었다. 댄은 15퍼센트 단축이라는 목표를 향해 나아가는 이 부서의 시스템이 너무나도 마음에 들었다. 그래서 팀의 리더를 만나 더 자세히 알아봐야겠다고 마음먹었다. 그런데 한 가지 당혹스러운 점이 있었다.

'대체 이 팀에 리더는 어디 있지?'

댄은 어리둥절했다. 팀은 정보를 공유하고 아이디어를

제안해가며 신속하게 일하고 있었다. 팀원들은 서로 달랐고, 심지어 충돌도 있었지만 매번 문제를 매끄럽게 풀어냈다. 사람들은 서로 농담을 건네고 장난을 걸기도 했다. 절차상의 문제를 해결하기 위해 팀을 세 집단으로 갈라 각기 해결책을 찾아내도록 했을 때도 좋은 분위기에서 합의를 도출했다. 에너지가 넘쳐났고, 팀의 생산성도 높았다.

'그런데 도대체 이 팀의 리더는 누구지?'

아무리 생각해도 딱히 짐작 가는 사람이 눈에 띄질 않았다. 팀은 그때그때 다른 사람이 리더의 역할을 맡으며 하나의 단위가 되어 움직이는 것 같았다. 참으로 당황스럽기 그지없었다.

10시 15분이 되자 키가 크고 진중해 보이는 30대 초반의 남자가 회의실에 들어왔다.

"늦어서 죄송합니다. 다른 약속이 좀 있었습니다."

그 남자가 사과의 말을 건넸다.

팀원들은 남자를 향해 가볍게 인사하곤 다시 하던 일로 돌아갔다. 그 남자는 댄을 향해 다가오더니 인사를 건넸다.

"안녕하세요, 닐 헨리입니다. 어때요, 있을 만하신가요?"

"네, 좋습니다."

댄이 답했다.

"이야기는 조금 있다 나누도록 할게요. 일단 지금까지 회의에서 진행된 사항을 파악해야 하거든요."

닐이 말했다.

댄은 새로 등장한 이 불량 팀원에게 호기심이 들었다. 과연 팀에선 불쑥 끼어든 이 남자에게 어떻게 대처할까? 놀랍게도 아무 변화 없이 회의가 진행되었다. 닐은 이런저런 의견을 제시했고, 더러는 남의 의견을 보완하거나 찬성이나 반대 의견을 내놓았다. 그가 기여하는 바는 다른 팀원과 다를 것이 없었고 똑같은 방식으로 받아들여졌다.

회의는 10시 45분에 끝났다. 사람들이 줄지어 문을 나서며 댄에게 반가웠다는 인사를 건넸다. 너무나 인상적인 회의였다. 이렇게 매끄럽게 진행되고, 팀원들이 긍정적인 태도로 임하는 회의는 여태 본 적이 없었다. 팀은 그저 개인이 여럿 모인 것이 아니라 마치 한 개체라도 되는 양 움직였다. 흡사 기름칠이 잘된 기계를 보는 듯했다. 모든 부품이 완벽하게 조화를 이루고 바라는 대로 결과물을 뽑아내는 모습이 절로 떠올랐다.

댄이 이런 생각을 하던 차에 닐이 다가왔다.

"원하시던 걸 알아내셨는지 모르겠네요. 대단한 팀이죠. 우리는 지난 2년간 함께해왔습니다. 더는 제가 필요치 않을 정도죠."

댄의 눈이 휘둥그레졌다.

"혹시 이 팀의 책임자이신가요?"

"네, 그런데요."

닐이 대답했다.

댄은 말을 약간 더듬었다.

"제가 끝내 알아내지 못한 한 가지가 이거였네요."

"아."

닐이 싱긋 웃고는 다시 말을 이었다.

"익숙한 광경은 아니시겠죠. 우리 팀도 쭉 이랬던 건 아닙니다. 우리도 나름 어려운 시기를 겪었어요. 제 목표는 팀이 발전하면서 제가 손을 떼도 되는 수준에 이르렀으면 하는 거였는데, 그 목표를 이룬 것 같지 않나요?"

"그렇고말고요."

댄은 전적으로 공감했다.

"이제 다 이해가 되네요. 집단이 속한 단계에 따라 리더십이 변화한 거군요. 그리고 집단이 과제를 효율적으로 수행할 뿐만 아니라 하나의 팀으로서 효과적으로 운영되는 수준에 이르는 게 목표이고요."

"그렇죠. 그렇게 되면 바로 그 팀은 성취기에 접어든 것이죠."

회의가 끝나고 댄은 1분 경영자를 만나러 서둘러 떠났다. 들떠서 콧노래를 흥얼대며 사무실에 도착한 그는 비서에게 1분 경영자가 자리에 있는지 물었다.

"네, 그런데 손님이 계십니다. 곧 끝날 거예요."

비서인 데이나가 대답했다.

기다리는 동안 댄은 지난 며칠간의 경험을 돌이켜보며 노트에 적기 시작했다.

1. 성과 평가 팀의 구성원들은 열정적이었지만, 어떻게 적응할지 걱정하고 있었다. 이들은 1단계, 즉 형성기에 속한다. 팀원들은 과제에 대해 아는 바가 별로 없었다. 론 틸먼 씨는 목적과 가치를 명확히 하고, 역할과 목표를 정하고, 과제를 규정하고자 이런저런 지시를 많이 내렸다. 끝날 무렵 사람들에게 어땠는지 묻고 스케줄과 다음에 할 일을 제대로 이해했는지 확인한 정도를 제외하면, 쌍방향의 상호작용은 극히 드문 편이었다.

2. 수전 섀퍼 씨가 이끄는 생산성 향상 팀의 구성원들은 혼란스러워했고 불만을 품고 있었다. 이들은 2단계인 갈등기에 해당한다. 팀원들은 전진하

고 있었지만 속도는 더뎠다. 수전은 상당히 적극적으로 나서서 집단을 관리했지만, 동시에 팀원들이 생각과 의견을 내놓을 수 있게 독려하기도 했다.

3. 선적 부서는 책임자인 닐이 이 자리를 비웠음에도 불구하고 너무나 매끄럽고 효율적으로 운영되고 있었다. 리더의 부재가 별다른 영향을 미치지 않는 듯했다. 닐은 그의 팀이 성취기에 접어들었다고 말했다. 팀원들에게서 열의가 느껴졌고, 팀은 매우 생산적이었다. 리더가 팀에 기여하는 바는 다른 팀원들과 크게 다를 게 없었다. 그런데 이 팀은 어떻게 그 지점에 도달했을까?

이 질문을 던지고선 댄은 곰곰이 생각에 잠겼다. 본능적으로, 그는 뭔가를 놓치고 있음을 깨달았다. 팀은 저절로 변화하지 않는다. 불만이 가득한 개인의 집합에서 시너지 효과를 내는 생산적인 단위로 바뀌는 데는 분명 무언가가 있을 터였다.

댄이 골똘히 생각하고 있으려니 1분 경영자가 나타났다.

"어때요, 잘되어 가나요?"

찡그린 얼굴을 하고 있는 댄에게 1분 경영자가 물었다. 댄은 조금 전까지만 해도 느꼈던 들뜬 기분이 싹 가라앉은 후였다.

"뭔가 안 풀리는 모양이네요."

1분 경영자가 그를 보고 말했다.

"네, 그러네요. 아시다시피 저는 처음에 이제 막 결성된 팀을 살펴보았습니다. 그런 팀에서 리더는 제반 마련을 위한 기초 작업을 설계하고 방향을 제시하려고 주의를 기울이지요. 다음으로 관찰한 팀은 더디게 나아가고 있었고, 과제를 이행하고는 있었지만 분열된 모습이었습니다. 제가 익히 보아왔던 그런 회의였지요. 리더인 수전 씨는 그러한 문제들에 흔들리지 않는 것 같았습니다. 과제나 함께 일하는 문제와 관련해서 지시를 많이 내렸지만, 참을성을 가지고 귀 기울이면서 팀원들을 격려했습니다.

그다음으론 닐 씨의 팀을 방문했지요. 그 팀은 성취기에 속했습니다. 어디 하나 부족함이 없어 보였지요. 팀원들의 사이도 좋았고 즐겁게 일하고 있었으며, 팀은 스스로 알아서 잘 관리되고 있었습니다. 그리고 문득 이런 의문이 들었습니다. '어떻게 이렇게까지 될 수 있었지? 내가 뭔가 빠트린 걸까?'"

"빠트리긴 했습니다."

1분 경영자는 살며시 회심의 미소를 지으며 말했다.

"팀의 발전 단계에서 중요한 단계를 건너뛰셨거든요. 갈등기에서 바로 성취기로 넘어가버렸으니까요. 그럼 그 빠트린 단계를 알아보기 전에 4단계, 즉 성취기를 정리한 내용을 좀 볼까요?"

4단계: 성취기

특징

- 목적, 가치, 목표, 결과물, 역할, 책임이 명확함
- 임파워먼트를 통해 팀이 가진 에너지를 끌어내고 지속적인 개선을 유도함
- 신뢰, 상호 존중, 개방성에 기초한 관계와 소통
- 유연성과 리더십의 공유를 통해 새로운 도전에 부응할 수 있음
- 최적의 생산성과 높아진 기준
- 개인 및 팀의 성취에 대한 인식과 인정
- 사기가 높음

필요한 것

- 생산성에 대한 꾸준한 집중
- 선을 넘지 않는 의사결정의 자율성
- 지속적인 개선과 새로운 도전
- 개인의 기여도와 팀의 성취에 대한 인정과 칭찬

과제

- 새로운 도전
- 지속적인 성장과 학습

• 집단 발전의 3단계 •
조정기

"여기서 나열하고 있는 특징들은 정말이지 닐의 팀에 딱 맞아떨어지는 설명이네요. 이제 제가 빼먹은 단계를 말씀해주세요."

"바로 '조정기'라고 부르는 단계입니다. 수전의 팀에서 목격했던 불만과 닐의 팀에서 볼 수 있었던 효율성과 열의, 그 사이에 놓인 단계죠."

"그 단계에선 어떤 일들이 벌어지나요?"

"조정기를 이해할 수 있는 가장 좋은 방법은……."

"직접 경험하는 것이겠죠?"

댄이 불쑥 끼어들었다.

"하하, 그렇죠. 어디 봅시다. 이 단계는 아주 짧게 지나가기 마련이라……."

1분 경영자는 잠시 생각에 빠졌다.

그때 갑자기 1분 경영자의 책상 위에 놓인 구내전화가 울렸다.

"루이즈 길모어 씨입니다. 나중에 다시 연락해달라고 전할까요?"

"음, 아니. 지금 받지."

1분 경영자는 댄을 돌아보며 빙그레 웃었다.

"이야기하는 중에 죄송합니다만, 왠지 우리가 찾고 있던 팀 같군요."

1분 경영자는 전화를 받았다.

"여보세요. 루이즈, 어쩐 일이에요?"

그는 말없이 오랫동안 듣기만 하더니 활짝 웃었다.

"그것 참 대단한데요, 루이즈. 제가 예전에 말했듯이 과정을 믿으셔야 해요. 효과가 있다니까요. 그런데 참, 내일 아침 회의에 누가 좀 방문해도 괜찮을까요? 제가 아는 분이 집단의 발전 단계를 배우는 중인데, 당신네 회의에 참여하면 빠진 부분을 채울 수 있을 것 같아요. …… 네, 고마워요. 그분이 내일 방문할 겁니다."

1분 경영자는 전화를 끊고 나서 댄에게 말했다.

"말은 다 해놨으니, 내일 루이즈가 주재하는 전략 계획 회의에 참여하시면 됩니다. 어때요?"

"당연히 가봐야죠."

댄은 기다렸다는 듯 답했다.

이튿날 아침 댄은 사무실에 일찍 도착했다. 택시를 타고 오면서 그는 기꺼이 다른 이들에게 정보를 공유해주는 보기 드문 사람을 만나서 참으로 행운이라는 생각이 들었다. 정보는 곧 권력인데, 1분 경영자는 아무 대가 없이 그 힘을 나누어주고 있었다.

댄이 사무실에 도착했을 때, 전략 계획 팀의 차석 책임자인 루이즈 길모어는 책상 뒤에 조용히 앉아 있었다. 댄이 들어서자 루이즈는 이내 활기를 띠더니 활짝 웃고 악수를 청하며 따뜻하게 맞아주었다. 댄은 루이즈의 생기발랄하고 우호적인 태도에 호감을 느꼈다.

그들은 함께 회의실로 갔다. 거기에는 6명의 팀원들이 농담을 섞어가며 대화를 나누고 있었다. 분위기는 화기애애했다.

댄이 자리를 찾는 동안 루이즈는 사람들에게 그를 소개했다. 모든 사람이 친근하게 인사를 건넸지만, 한편으로는 조심스러워하는 기색도 느껴졌다. 자신의 등장 때문에 사람들이 약간 불편해하는 것 같았다.

회의는 루이즈가 지난번 회의에서 있었던 충돌을 되짚어 보는 것으로 시작되었다. 지난 회의에서 그들은 내년도 방향과 목표, 결과를 논의했고 결국 합의에 이르렀다. 그 이야기를 하면서 사람들은 웃거나 농담을 했고 장난스럽게 다른 이를 놀리기도 했다. 앞서 벌어졌던 의견 충돌에도 불구하고 사람들은 서로를 평가하며 즐겁게 어울렸다. 루이즈도 팀원들을 따라 웃었다.

오늘 회의에서는 결정을 기다리고 있는 새로운 문제들을

의논해야 했다. 회의가 시작되자 팀은 순식간에 집중했다. 팀원들은 서로의 의견을 경청하고, 다른 이들의 아이디어에 살을 붙이기도 하면서 순조롭게 합의를 만들어갔다. 모든 일이 매끄럽게 진행되는 모습에 댄은 완전히 빠져들어서 지켜보았다. 루이즈는 회의의 시작을 알린 후부터는 토의 주제가 변화함에 따라 팀원들에게 지휘권을 넘겼다.

팀에는 서로를 존중하고 정중하게 대하는 분위기가 흘렀다. 댄은 시간이 지나면서 몇몇 이들의 목소리가 줄어들고 있음을 눈치챘다. 그런데 이제 결정이 다 내려졌나 보다 생각한 순간, 루이즈가 입을 열었다.

"빌, 당신은 10분 동안 한마디도 안 하시던데, 뭐 꺼림칙한 거라도 있나요?"

"아, 예. 근데 별거 아닙니다."

빌이 대답했다.

"그래도 말씀해주세요."

루이즈가 말했다.

"기억하고 계실지 모르겠지만, 우리가 내릴 수 있는 가장 훌륭하고, 가장 창조적인 결정은 바로 우리의 의견 충돌에서 시작되지요."

"알겠습니다."

빌은 조심스럽게 의견을 개진했다. 그러자 다른 이들이 이의를 제기하고 나섰다. 곧 빌이 새로 제기한 의견을 놓고 열띤 토론이 벌어졌다.

댄은 혼자 속으로 생각했다.

'아, 이런. 루이즈 씨가 망치고 말았네. 방금 전까지 팀이 잘 굴러가고 있었는데.'

그런데 루이즈는 팀원들의 의견을 귀 기울여 들으면서도, 의견 충돌이 더 활발해지도록 토의를 끌어갔다. 각각의 입장이 지닌 장점을 보완해주고, 자신의 의견도 덧붙였다. 그러자 다른 이들까지 그렇게 하기 시작했다.

빌이 약간 주저하며 다시 말을 꺼냈다.

"우리가 합의한 계획에 덧붙이자면, 신제품의 예상 수익이 확실하고 다른 부서에 대한 삭감이 적정하다면 우리는 필요한 자산을 마련하기 위해 충분히 투자할 수 있습니다."

그가 말하는 동안 다른 사람들은 주의 깊게 듣다가 하나둘 고개를 끄덕이기 시작했다. 그러고 나서 빌은 그와 같은 결정에 다들 동의하는지를 물었다. 그러자 모든 이가 적극적으로 호응하고 나섰다. 잠시 후 회의가 중단됐고, 사람들은 휴식 시간을 가졌다. 회의장에는 성취감과 열기가 감돌았다.

사람들은 천천히 걸어나가다가 댄에게 악수를 청하러 잠깐씩 멈춰 서기도 했다. 팀원들은 자신감에 찬 데다 생산적으로 보였다. 여기저기서 이런 말들이 들렸다.

"알찬 회의예요." "참석하게 돼서 너무 좋네요." "지금까지 우리 팀은 정말 잘 헤쳐왔죠."

회의실이 비자 루이즈가 댄에게 다가왔다.

"댄, 어떻게 보셨어요?"

"놀라워요."

댄이 대답했다.

"순간 이 팀이 바보 같은 실수를 하고 있다고 생각했는데, 팀원들을 보니 의견이 엇갈리기 시작한 이후로 오히려 기분이 더 좋아지고 자신감도 상승한 것 같았어요. 또 루이즈 씨는 일단 회의가 시작되자 팀원들이 주도하도록 하시더군요. 하지만 그러다가 필요할 때는 다시 뛰어들어서 지원을 해주셨고요."

"제대로 보셨네요."

루이즈는 살포시 미소를 지었다.

"사람들은 옥신각신 서로 뒤엉켜 일하고 나면 한층 더 뿌듯해하죠. 마치 신혼부부 같아서, 다른 이의 의견에 동의하지 않는다고 해도 다들 불협화음이 생기는 걸 원치 않아요. 하지만 서로 간의 차이를 극복하고 문제 상황을 헤쳐 나오면 나중엔 팀이 더 단단해집니다. 오히려 달콤함에 젖어 생산성이 떨어진다고 의견 충돌을 가로막을 때 팀에 위기가 찾아오죠. 그러다 보면 집단 순응 사고(groupthink)에 빠지기도 하지요."

"집단 순응 사고요? 그게 뭐죠?"

듣고 있던 댄이 물었다.

"유명한 심리학자가 만든 용어입니다."

루이즈가 답했다.

"미국 대통령에게 자문을 해주는 몇몇 집단을 연구하다가 이 개념이 나왔습니다. 어빙 재니스(Irving Janis)라는 학자가 사회적 압력은 집단 구성원들에게 반대 의견을 내놓지 못하게 막는다는 사실을 발견했지요."

"아, 그러니까 집단 순응 사고란 구성원들이 반대하는 것을 두려워하게 돼서 결국 아무 말도 하지 못할 때 발생하는 현상이군요."

댄은 생각에 잠겼다.

"다시 말해 아무도 평지풍파를 일으키지 않으려 하는 거군요."

"바로 그거죠. 이 시점에서 제 역할은 의견 충돌을 독려하고 갈등을 겪으며 문제를 헤쳐나갈 수 있도록 돕는 거예요. 저는 팀이 의견 충돌을 충분히 통제할 수 있고, 서로의 차이가 가진 가치를 알며, 자신감을 기르도록 신경 쓰고 있습니다. 우리 팀이 속한 조정기에서는 이런 활동 모두가 다 중요합니다. 게다가 팀은 이제 자기경영을 하려는 움직임을 보이고 있어요. 제가 만약 계속 지시하는 역할만 유지했다면 그렇게 되지는 못했을 겁니다. 이 단계에서 제 역할은 자기경영을 하려는 팀원들의 노력을 지원하고, 효율적인 팀원이란 어떤 것인지 본보기가 되어주는 것입니다."

"하지만 그러다가 정말로 무슨 문제가 생기면 어떻게 하나요?"

댄이 물었다.

"그럴 땐 제가 나서서 조정을 하니 염려하지 않으셔도 됩니다."

살짝 웃으며 루이즈가 답했다.

"틀림없이 그러실 것 같네요."

댄이 동의했다.

"감사합니다. 정말 큰 도움이 되었어요."

"아뇨, 무슨 말씀을요."

이렇게 말하며 루이즈는 댄에게 카드를 건넸다.

"아까 '그분'이 먼저 가시면서 이걸 전해주라고 하시더군요. 3단계인 조정기를 요약한 겁니다."

3단계: 조정기

특징

- 목표, 결과물, 과제, 역할, 책임, 체계가 더욱 명확해지고 헌신도 역시 높아짐
- 가치와 규범에 대한 헌신도가 증가함
- 과제 성취도가 올라감
- 갈등을 피하려는 경향
- 팀원들 간의 신뢰, 조화, 존중, 통합이 증대됨
- 팀 언어의 사용: '나' 보다는 '우리'
- 리더십과 팀 기능에 대한 책임을 기꺼이 공유하려 함

필요한 것

- 목표, 역할, 책임의 통합
- 기술과 지식을 꾸준히 계발하기
- 더 나은 해결 방안을 찾기 위해 다른 관점을 공유하고 의견 충돌을 모색하도록 독려하기
- 긍정적이고 신뢰하는 관계의 지속적인 구축
- 팀 기능에 필요한 리더십과 책임의 공유 수준을 확대하기
- 생산성 증가에 집중하기
- 팀 기능에 대한 평가

과제

- 통제 권한을 공유하기
- 갈등을 진지하게 다루기

12
발전 단계에 따라 생산성과 사기는 변화한다

"며칠 새 우리 회사의 몇몇 팀을 방문했는데 주로 어떤 것들을 알게 되셨나요?"

댄이 사무실에 들어서자 1분 경영자가 물었다.

"우선, 집단의 발전은 시간의 경과에 따라 5가지 단계를 거치며 진행됩니다. 대부분의 팀이 맞이하는 첫 단계는 형성기로, 팀원들이 목표와 과제를 명확히 파악하지 못하고 팀으로 기능하는 데 필요한 지식과 기술 역시 최소한이라 생산성이 낮습니다. 하지만 사기는 높은데, 모두가 새 팀의 일원이 되었다는 사실에 흥분한 데다 기대가 한껏 고조되었기 때문이지요. 4단계는 성취기입니다. 이 단계의 팀은 정력적이지요. 팀원들이 높은 성과를 내는 팀이 되기 위한 지식과 기술을 갖추었음은 물론이고 사기도 충만합니다. 중간에 있는 갈등기는 허니문이 끝나고 팀이 처음에 가졌던 높은 기대가 성취하기 어렵게 느껴지는 단계입니다. 그 다음 조정기는 팀이 서로 간의 차이를 해소하고 자신감과 응집력을 키우며 함께 일하는 법을 배우는 단계이지요."

"잘 요약하셨습니다. 달리 또 알게 된 건 없나요?"

"생산성은 다섯 단계를 거치면서 서서히 증가하더군요. 형성기에서는 낮게 시작하지만 갈등기와 조정기를 거치며 계속 개선되다가, 성취기에 이르면 높아집니다. 반면 사기나 열정은 형성기에서 높은 상태로 출발했다가 갈등기에서 떨어지지만, 다시 조정기와 성취기에 들어서면서 증가하기 시작합니다."

"그걸 알아챘다니 대단히 놀랍군요. 어떤 집단 발전 이론가는 그 이야기를 도표로 나타냈지요. 바로 이겁니다."

1분 경영자는 이렇게 말하며 커다란 차트에 표를 그렸다.

● **팀의 발전 단계**

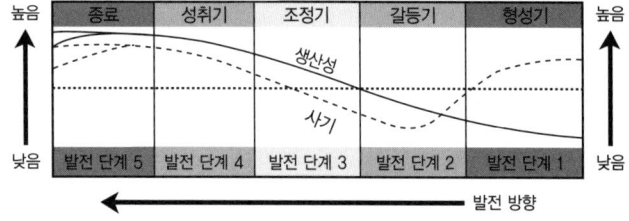

"생산성과 사기가 발전 단계마다 어떻게 변화하는지 살펴보시죠."

1분 경영자가 말했다.

"5단계 '종료'는 무엇인가요?"

"종료 단계는 마지막 단계입니다. 상시적인 팀이라면 급격하게 재조직화되지 않는 한 이 단계에 이르는 일은 없어요. 종료 단계는 임시로 조직된 팀이나 한시적인 태스크포스에서 볼 수 있는데, 이런 경우 팀원들은 최종 결과에 대비하고 있어야겠죠. 팀이 종착지에 가까워질수록 생산성과 사기는 증가하거나 감소하는 변화를 보입니다. 팀원들은 애석해하고 상실감을 느낄 수도 있고, 아니면 빨리 정해진 기한이 되었으면 하고 서두를 수도 있어요. 이 단계에서는 종료 과정을 관리하는 동안 생산성과 사기를 유지하는 게 관건이죠."

"아주 유용한데요. 표로 보니 명쾌하게 정리가 돼요."

"때때로 그림이 천 마디 말보다 나을 때가 있지요. 또 다른 건 없었나요?"

"하나 있습니다. 각 단계에서는 그에 맞춰 각기 다른 리더십이 필요하지 않을까 싶더군요. 이 부분을 좀 더 알려주시면 좋겠는데요. 리더는 특정 단계에 속한 팀과 함께 일할 때 어떤 방식이 최선인지 어떻게 알아낼 수 있을까요?"

• 임파워먼트 도구 2 •
유연성

 "말씀하시는 걸 들으니 각 단계를 진단하는 법은 다 깨우치신 모양이고, 이젠 유연성을 배울 차례군요. 유연성은 어떤 리더십 스타일을 택하느냐와 관계된 것입니다. '상황대응 리더'가 되고자 할 때 필요한 기술이지요."

 1분 경영자가 미소를 지었다.

 "무슨 리더라고요?"

 "상황대응 리더요. 오랫동안 사람들은 팀을 관리하는 방법이 단 2가지뿐이라고 생각했지요. 전제적이냐 아니면 민주적이냐, 이 둘 중 하나라고요. 전제적 리더십은 사람들에게 무엇을, 어떻게, 어디서, 언제 할 것인지 말해주는 데 강조점을 둡니다. 성과를 가장 중시하지요. 민주적 리더십은 사람들에게 귀 기울이고, 노력을 칭찬하고, 다른 이들과 상호작용을 용이하게 하는 데 주안점을 둡니다. 팀의 사기가 집단의 성과를 극대화하는 최선의 방법이라 여기지요. 이 두 극단적인 리더십에는 2가지 문제가 있습니다."

"그 문제 중 하나가 양자택일을 하려는 태도인가요? 양자택일을 중요시하면 언제나 '나는 맞고, 당신은 틀렸어'라는 식으로 세계를 바라보게 되더라고요."

"바로 그렇습니다. 그 결과 집단이나 팀을 경영하는 데 있어 양극단을 오가게 됩니다. 만약 당신이 지나치게 전제적이라면 팀원들은 '너무 가혹하군요. 당신은 창의성을 질식시키고 있어요'라든지, '모든 걸 통제하려고 하는군요'라며 이내 불만을 제기할 겁니다. 그러면 리더는 심기가 불편해져서는 그 반대의 극단으로 넘어가게 됩니다. 그리고 민주적이고 참여적인 리더십 스타일을 발휘해 모든 사람을 의사결정에 참여시키려 하겠죠."

"그러나 그 역시 과도해질 수 있을 텐데요?"

"물론이죠. 그러고 나면 얼마 지나지 않아서, 분위기는 화기애애하지만 막상 되는 일은 하나도 없지 않느냐는 불평이 여기저기서 쏟아져 나옵니다. 서로 좋은 관계를 유지하는 데만 치중하거나 회의 시간이 지나치게 길어지지요."

"그러면 또다시 그 반대로 급격히 옮겨 가겠군요."

댄이 웃으며 말했다.

"정말이지 왔다 갔다 시계추가 따로 없네요. 저도 그런 상황을 겪은 기억이 있습니다."

"제가 '상황대응 리더십 Ⅱ'를 좋아하는 까닭은 이랬다저랬다 하는 일이 없게 해줄 뿐 아니라, 리더십이 2가지 행동과 연관되어 있다는 점을 놓치지 않고 있기 때문입니다. 바로 지시 행동 또는 전제적 행동이라고 부르는 것과 지원 행동 또는 민주적 행동으로 부르는 것, 이 2가지 말입니다."

이렇게 말하며 1분 경영자는 커다란 사각형을 그리더니 그것을 4개로 나눴다. 그리고 각각의 빈칸에 뭔가를 적은 후 댄에게 그 종이를 건넸다.

상황대응 리더십 II에 따른 4가지 리더십 유형

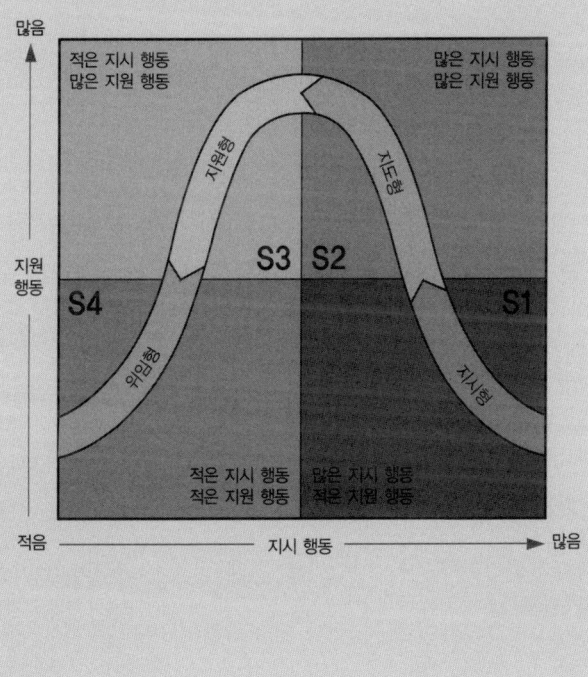

리더십의
4가지 유형

댄이 도표를 다 살펴보고 나자 1분 경영자가 설명했다.

"보시다시피 '상황대응 리더십 Ⅱ' 모델에는 지시와 지원 정도에 따른 4가지 조합이 있습니다. 리더십 상황에 적용할 때는 각기 지시형(S1), 지도형(S2), 지원형(S3), 위임형(S4)으로 부릅니다. 이 개념들을 집단에서의 리더십에 적용하기 위해, 팀의 각 발전 단계에서 요구하는 바를 좀 더 직접적이고 충실히 반영할 수 있게 명칭을 수정했습니다. 저는 대학을 졸업하고 학교 선생님으로 일했던 적이 있습니다. 아이들을 어떻게 바라보느냐에 따라 교육에도 2가지 상이한 접근 방식이 나옵니다. 하나는 아이들이 지식이나 경험이 하나도 들어 있지 않은 통을 들고 학교에 온다고 가정하는 겁니다. 이런 경우라면 교사의 임무는 무엇일까요?"

"그 통에 지식을 채워주는 것이겠죠."

"맞아요. 지시 행동은 '통을 채우는' 행위입니다. 팀이 형성기에 있을 때 필요한 것이죠. 이때 팀원들은 역할과 목표를 놓고 갈피를 잡지 못하고 정보와 기술, 체계 면에서도 부족함이 많습니다. 이 단계에서 많은 지원이 필요하지 않은 이유는 팀원들이 이미 충분히 열정적이고 헌신적이기 때문입니다."

"론 틸먼 씨가 그분의 새 태스크포스에서 보여주었던 리더십 유형이네요. 적절해 보였습니다."

"팀이 막 출발하는 상황에서 론이 지원 행동을 보였다면 적절하지 않았을 겁니다. 그 태스크포스는 첫 회의를 여는 중이었고 정보와 지시가 필요했으니까요."

"그럼 지원 행동이 더 중요해지는 때는 언제입니까?"

"팀이 이미 함께 일한 경험과 기술을 보유하고 있지만 이런저런 이유로 인해 수렁에 빠져 있을 때지요. 학교의 비유로 돌아가면, 두 번째 접근 방식은 학생들이 지식과 경험으로 가득 찬 통을 들고 학교에 오지만 체계화되어 있진 못하다고 가정하는 데서 나옵니다. 그러니까 교사의 임무는 학생에게서 지식과 경험을 이끌어내고 그것을 체계화할 수 있도록 돕는 것이지요. 지원 행동은 이를테면 '통에서 끄집어내는' 행위인 셈입니다. 리더는 듣고, 지원하고, 협업하는 방식으로 팀의 상호작용을 원활하게 만들어야 합니다."

"이건 루이즈 길모어 씨가 전략 계획 팀에서 보여준 방식이네요. 그분은 모든 것을 팀에서 이끌어내더군요."

"그 위원회에선 아주 적절한 행동이지요. 그곳 팀원들은 갈등기를 지났고 다른 이들과 함께 일하는 법을 배우는 중이었습니다. 팀으로 기능하기 위해 필요한 기술들이 어느 정도 발전한 상태였고 갈등기에 나타나는 몇몇 문제들이 해결되었기에 지시는 그다지 많이 필요하지 않았지요."

"그렇다면 지도형과 위임형은 어떤 경우에 필요할까요?"

"문제들을 해결해야 하는 경우에는 지원 행동과 지시 행동이 둘 다 많은 지도형, 확인만 하면 되는 경우라면 둘 다 적은 위임형이겠지요."

"그렇다면 해결이란 통을 채우는 동시에 통에서 끄집어내는 행위라 할 수 있겠군요?"

"그렇죠. 바로 수전 섀퍼 씨가 생산성 향상 팀에서 그러한 리더십 유형을 활용하고 있었죠. 팀원들이 불만을 느끼기 시작하면서 사기는 떨어졌고 각자 의견을 표현할 필요가 있었습니다. 여전히 리더의 지원도 필요한 상황이고요. 하지만 아직 팀으로 기능하는 기술을 발전시키던 와중이라 지시 역시 필요했습니다."

"선적 부서의 닐 씨처럼 확인하는 역할이라면 통을 채우거나 통에서 끄집어내는 행위 어느 쪽도 필요하지 않겠군요. 그 팀의 통은 채워져 있을 뿐만 아니라 체계화되어 있기도 하니까요."

"네, 그렇죠. 이제 왜 유연성이 중요한지 아시겠지요?"

댄은 지금까지의 대화 내용을 곱씹더니 이렇게 말했다.

66

효율적인 리더는
집단이 스스로 채우지 못하는 바를
채울 수 있도록 리더십을 조정해야 한다.

99

업무 기능과 유지 기능

"적절한 표현이네요."

1분 경영자가 말했다.

"효율적인 집단이 되려면 구성원들이 업무 기능과 유지 기능 모두에 주의를 기울여야 합니다. 문제는 그 구성원이 반드시 집단의 리더여야 하느냐는 것이지요."

"업무 기능이요?"

댄이 되물었다.

"업무 기능은 일을 완수하는 데 초점을 둔 행위들을 말합니다. 그러한 행위들은 팀이 하기로 한 일에 집중하지요.

업무 기능은 의제를 설정하고, 목표를 세우고, 방향을 제시하고, 토론을 시작하고, 마감 시한을 정하고, 정보를 주거나 찾고, 요약하는 등의 활동을 말합니다."

"그러니까 업무 기능은 지시 행동과 연관된 것이로군요. 유지 기능은 무엇인가요?"

"유지 기능은 집단 내에서 화합력과 응집력을 키우고 유지하는 데 중점을 둡니다. 집단이 어떻게 기능하느냐에 초점을 둔 행위들인데 인정하고, 듣고, 격려하고, 참여하고, 갈등을 관리하고, 관계를 구축하는 것 등이 유지 기능에 포함됩니다."

"모두 지원 행동에 해당하는 것이군요?"

댄이 말을 받았다.

"그렇죠. 효율적인 팀이 되려면 이 기능들을 충실히 수행해야 하겠지만, 그렇다고 이러한 일들이 전적으로 관리직이나 리더의 임무라고 생각할 필요는 없습니다. 오히려 팀원들이 넘겨받을 수 있는 만큼 그 역할을 나누어주는 편이 훨씬 좋지요."

"그러니까 팀이 진보함에 따라 리더십과 기능이 자연스럽게 이행될 거란 말씀이시네요."

"네, 맞아요. 형성기에 있는 팀원들은 열정과 헌신을 가지고 일에 참여하지만 지식은 거의 없어서 지시가 필요합니다(지시형). 갈등기에 속한 팀원들은 역량이나 헌신도, 어느 쪽도 높지 않습니다. 업무뿐 아니라 함께 일하는 방법에 있어서도 난항을 겪고 있기 때문에 지시와 지원이 모두 필요하지요(지도형). 조정기에 이르면 팀원들은 좋은 성과를 내는 기술을 터득하게 됩니다. 하지만 여전히 자신감이나 사기를 북돋아줄 필요가 있기에 지원과 격려가 필요하지요(지원형). 그리고 마침내 팀이 성취기에 이르면 팀원들의 기술 수준과 사기가 높아집니다. 따라서 리더는 때론 물러서고 때론 참여하면서 간섭은 최소한으로 줄이고 팀원들 스스로 일하게끔 할 수 있습니다(위임형)."

"그러니까 형성기라면 리더는 업무 기능에 가장 신경을 써야겠군요. 갈등기를 거치는 동안은 팀이 업무 기능과 유지 기능, 어느 쪽도 감당할 수 없으니 그 부담이 모두 리더의 몫으로 돌아오고요. 조정기에 있는 팀은 업무 기능에 해당하는 일들을 해낼 수 있지만, 유지 기능에 있어서는 지원이 필요하겠죠. 마지막으로 성취기가 되면 팀원들이 업무 기능과 유지 기능 모두를 수행할 수 있다는 거고요."

배움을 전하다

"지금까지 익힌 개념들을 아주 잘 파악하고 계신 것 같네요."

1분 경영자가 칭찬했다.

"네. 제가 배운 것들이 실제로 어떻게 적용될지 너무 기대됩니다. 마리아 산체스 씨도 빨리 만나 뵙고 제가 배운 것들을 알려드리고 싶어요."

"그거 좋네요. 자신이 얼마나 정확히 이해했는지 확인하는 가장 좋은 방법은 바로 다른 사람들을 가르쳐보는 것이더군요."

"사무실에 돌아가자마자 그분께 전화를 걸어서 약속을 잡아야겠습니다."

"저기, 저도 마리아 씨를 한번 뵙고 싶은데, 제가 함께 자리해서 지켜봐도 될까요?"

1분 경영자가 물었다.

"그렇게 해주신다면 감사하죠. 저와 마리아 씨가 대화하는 모습을 지켜봐 주시면 제게도 큰 도움이 될 테니까요. 무엇보다 마리아 씨의 의견에 의미 있는 통찰이 담겨 있다고 깨우쳐주신 장본인이시잖아요. 게다가 그분이 미처 생각하지 못했던 질문을 던지실 수도 있고요. 지금 당장 전화해서 시간을 정할게요."

댄은 기뻐하며 그 즉시 마리아에게 전화를 걸었다.

그 주 금요일 댄과 마리아, 1분 경영자는 점심을 함께했다. 다 함께 식사를 주문한 후, 댄은 가방에서 서류철을 꺼내며 설명을 시작했다.

"마리아 씨, 팀워크에 대해 다룬 당신의 편지를 받고서 저는 너무나 혼란스러워져서 여기 계신 1분 경영자에게 도움을 청했습니다. 원래는 마리아 씨를 어떻게 납득시키면 좋겠는지 조언을 구하려고 연락을 드린 거였죠. 그런데 놀랍게도, 이분은 집단의 중요성을 지적한 당신의 의견에 동의한다고 하셨습니다. 그리고 집단으로 일하는 것이 일대일 관리와 어떻게 다른지 알려주셨죠.

그간 저는 몇몇 팀들을 방문해서 관찰해보기도 하고 이분과 대화도 나누면서 팀의 발전 단계와 리더십에 대해서 많이 배웠습니다. 제가 배운 것들을 마리아 씨께도 전하면 좋을 것 같아서, 여기 이렇게 상황대응 리더십 Ⅱ 도표로 정리해봤습니다. 이 표를 보면서, 리더가 자신의 팀과 함께 일할 때 어떻게 하는 게 최선일지, 또 집단을 높은 성과를 내는 팀으로 발전시키려면 어떻게 해야 하는지 간단히 설명해볼게요."

댄은 서류철에서 도표를 꺼내 집단의 발전 단계를 설명하기 시작했다. 그는 마리아에게 각 단계별로 어떤 리더십 유형이 필요한지, 팀이 발전 단계를 거치는 동안 생산성과 사기는 어떻게 변화하는지 등도 말해주었다.

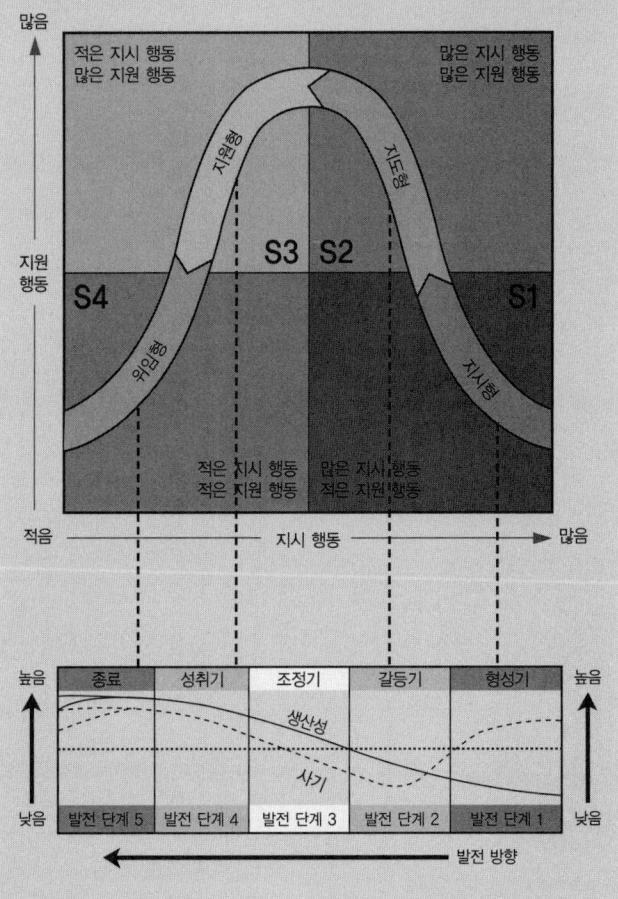

개념을 활용하기

마리아는 댄의 이야기를 집중해서 들었다. 그리고 그가 설명을 마치자 이렇게 말했다.

"제가 제대로 이해했는지 확인해볼게요. 첫째, 팀의 목표와 과제를 명확히 해야 한다. 둘째, 그 과제에 견주어 집단이 어느 정도의 발전 단계에 속하는지 진단해야 한다."

"네, 맞아요. 그리고 생산성뿐만 아니라 집단의 사기도 잊지 말고 살펴봐야 하지요."

"그렇군요. 셋째, 각 발전 단계에 어떤 리더십 유형이 맞을지 판단해야 한다."

"맞습니다. 각각의 리더십 유형은 지시 행동과 지원 행동의 비중, 의사결정에 집단이 참여하는 정도에 따라 변화합니다. 지시형에서는 주로 리더가 지시 행동에 대한 책임을 맡고 있습니다. 위임형에서는 팀이 스스로 나아가야 할 방향을 정하고 의사결정을 내리지요."

"제가 맞게 이해한 모양이네요. 내용이 명쾌하고 간결한데다, 제가 일하는 몇몇 집단에도 잘 맞을 것 같아요. 지금 알려주신 걸 실제로 활용해보고 어떤 효과가 있을지 한번 보고 싶네요. 제가 이걸 활용해본 다음, 2주 후에 만나서 이 문제를 다시 토론해보면 어떨까요?"

그 말에 1분 경영자가 대화에 끼어들었다.

"그거 좋네요. 지금 나온 이야기들을 시험 삼아 적용해보시고 나면 또 다른 생각이나 의문이 떠오르실 것 같군요. 다음번 약속을 기대하고 있겠습니다."

"저도 마찬가지입니다."

댄이 말했다.

"마리아 씨, 그때 편지를 주셔서 아주 기쁩니다. 덕분에 많이 배웠고 앞으로도 더 많이 생각해보려고요. 그럼 같은 시간, 같은 장소에서 2주 후에 모이기로 할까요?"

  그날 모임 이후 2주 동안 마리아는 두 팀에 주목했다. 하나는 최근에 막 소집한 품질 태스크포스였는데, 이 팀이 형성기라는 사실은 손쉽게 진단할 수 있었다. 목표가 아직 명확하지 않았고 개개인의 역할이나 행동 계획을 규정하지 못하고 있었다. 마리아는 목표를 이해하고, 역할을 정립하며, 필요한 기술을 정하고, 첫발을 내딛는 데 팀의 에너지를 집중시키기로 결정했다. 회의는 원활하게 굴러갔고 마리아는 진전을 이뤄가는 팀의 모습에 만족스러웠다.

  다른 한 팀은 마리아가 이끄는 부서였다. 이 팀이 어느 단계에 속하는지 진단을 내리는 일은 한결 까다로웠다. 그들은 서로를 좋아하고 편안해했으며 지원하는 듯 보였지만, 몇몇 팀원들 사이에서는 불편한 기색이나 얼마간의 긴장감이 엿보였다. 마리아는 그들이 갈등기인지 조정기인지 도통 가늠할 수 없었고, 따라서 어떤 리더십 유형이 최선일지 결정하기가 어려웠다. 마리아는 자신이 팀과 긴밀하게 연관되어 있는 탓에 시야가 왜곡된 것은 아닐까 하는 우려가 들었다. 댄과 1분 경영자와의 모임을 준비하는 동안, 마리아는 지금까지 했던 일을 되돌아보며 노트에 몇 가지 의문을 적었다.

1. 팀은 리더의 도움 없이도 형성기에서 성취기로 옮겨 갈 수 있는가?
2. 일단 팀의 발전 단계를 판단하고 그에 따라 리더십 유형을 정하고 나면, 그 리더십 유형을 얼마 동안 유지해야 하는가?
3. 관리자가 팀에 연관되어 있으면 발전 단계를 제대로 분석할 수 없는가?

의문이 발생하다

마리아는 댄과 1분 경영자를 만나자마자 반색하며 말을 꺼냈다.

"두 분을 보니 정말 반갑네요. 저는 그 모델을 활용해서 어느 정도 성공을 거뒀지만, 몇 가지 의문도 남더군요. 제 의문들을 여기 노트에 정리해봤습니다."

댄과 1분 경영자는 노트에 쓰인 목록을 읽어 내려갔다.

"몹시 중요한 것들이네요. 하나씩 차근차근 풀어나가야 할 것 같군요."

1분 경영자가 말했다.

"잠깐만요, 저도 이 목록에 하나 추가하고 싶습니다. 우리 회사에는 지난 6개월간 아주 만족스럽게 운영된 부서가 하나 있습니다. 그런데 지난주에 제가 방문했을 때 보니 팀원들의 행동이 너무 자신 없어 보였고, 말하기를 주저했습니다. 입 밖에 내지는 않지만 긴장도 느껴지더군요. 제가 지난달에 봤던 그 팀이 맞나 싶을 정도여서, 이 목록에 제 의문도 하나 넣고 싶습니다. '팀은 이전 단계로 퇴보할 수도 있는가?' 라는 질문입니다. 만약 그렇다면 왜 그러하며, 어떻게 그런 일을 막을 수 있을지 궁금합니다."

댄이 말했다.

"질문이 꽤 많이 모였네요."

1분 경영자가 말했다.

"점심 식사를 마치고 사무실로 갑시다. 차트도 필요한 것 같고, 이것저것 늘어놓을 공간도 있어야 할 것 같군요."

잠시 후 일행은 사무실에 도착했다. 마리아는 아까의 질문 4개를 차트에 옮겨 적었다. 그 사이 1분 경영자는 회의실에서 포스터를 가져오더니 벽에 붙였다.

> 리더의 가장 중요한 역할은
> 집단이 발전 단계를 거치며 나아가도록 돕는 것이다.

임파워먼트를 향한 여정을 관리하라

포스터를 붙이고 나서 1분 경영자는 이렇게 덧붙였다.

"제가 보기엔 이 말이 마리아 씨의 첫 번째 질문과 관계가 있는 것 같아 가져와 봤습니다."

"그걸 보니 이런 의미가 아닐까 싶은데요. 발전 단계를 진단하고, 적절한 리더십 유형을 적용할 수 있을 만큼 충분히 유연해지는 것, 처음에는 이 2가지 기술이 필요하지요. 그러나 그 둘은 시작일 따름이지요. 저의 주된 임무는 리더십을 바꿔가면서 팀이 높은 성과를 내는 4단계 내지 5단계에 이르는 동안 잘 헤쳐나갈 수 있도록 돕는 것입니다."

"바로 그거죠."

1분 경영자가 대답했다.

"이제 세 번째 기술인 '조화'에 대해 말할 차례군요. 조화는 효율적인 리더가 진단 및 유연성과 더불어 개발해야 하는 임파워먼트 기술 중 하나입니다. 조화는 지시와 지원의 책임을 점차적으로 팀에게 넘겨주는 것과 관계가 있습니다. 오늘날 많은 집단에서 전임 리더가 없는 경우, '조화'는 첫 회의에서부터 시작됩니다. 조직은 그 과정이 진행되는 동안 팀을 뒷받침해줘야 합니다. 그래야 그 집단이 순항하여 조직에도 도움이 될 수 있을 테니까요.

따라서 조화는 리더나 팀 외부 경영진에 대한 의존에서 상호 의존으로, 외부 통제에서 내부 통제로 넘어가는 여정을 관리해나가는 것과 연관되어 있습니다. 상황대응 리더십 II의 4가지 기본 유형을 다시 짚어보면서 이를 설명하도록 하지요."

이렇게 말하며 1분 경영자는 앞에 있던 차트를 넘기고 새로운 페이지에 도표를 그렸다.

집단/팀의 발전 단계와 4가지 리더십 유형

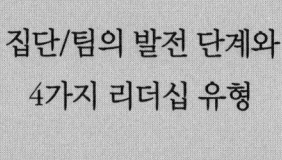

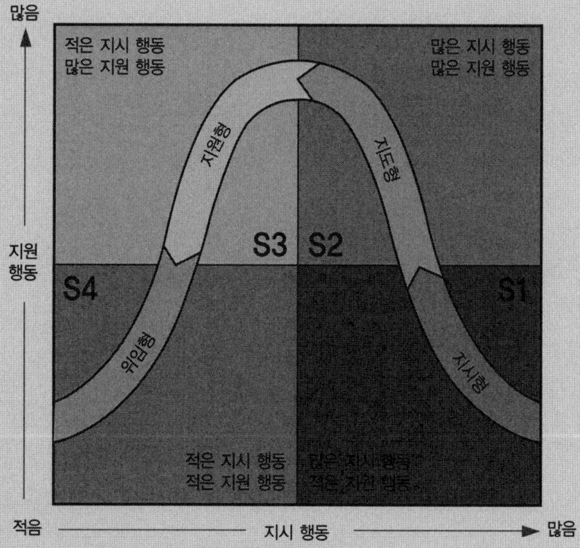

리더십 유형

"리더십 유형들을 가로지르는 곡선을 선로라고 생각해보세요. 유형 1에서 유형 4로 변화하길 원한다면 어떤 정거장을 지나야 할까요?"

"유형 2의 지도형과 유형 3의 지원형이요."

댄이 대답했다.

"그렇다면 단계를 건너뛰는 일은 불가능하다는 얘기겠네요. 즉, 형성기에서 성취기로 바로 넘어갈 수는 없다는 거군요."

"앞서 언급했던 2단계에서 출발하는 일부 예외를 제외하면, 보통은 단계를 건너뛰지 않습니다. 아무리 업무에 능숙하거나 집단 역학에 통달한 팀원들이라 할지라도 팀을 새로 꾸리고 높은 성과를 내는 팀으로 발전하기 위해선 그러한 단계들을 밟아나가야 하죠. 이는 또한 여러분의 리더십 유형도 그러한 경로를 밟아야 한다는 의미입니다. 어떤 리더십 유형도 그냥 건너뛰고 넘어갈 순 없지요."

"상당히 흥미롭네요."

마리아가 말했다.

"기억을 떠올려보니, 제가 새 집단에서 지원형, 즉 참여형 리더십으로 시작했던 적이 몇 번 있었던 것 같아요. 특히 품질관리나 문제 해결을 목적으로 꾸려진 팀일 때 더 그랬죠."

"어떻던가요?"

"엉망이었죠. 순식간에 사람들이 불만을 드러내더군요. 그러고 나서 스스로 뭘 하는지도 모르는 채, 몹시 화가 나서는 지원형에서 지시형으로 즉각 바뀌어버렸습니다. 그러니까 사람들은 더더욱 화난 상태가 되었고 불만도 치솟았지요."

"제 경험에 비추어보면, 새로운 집단이건 이미 확실히 자리 잡은 집단이건 확신할 수 없을 땐 지시형에 가까운 리더십으로 시작하는 편이 낫습니다. 만약 진단을 잘못 내렸고 팀의 발전 단계가 생각보다 더 많이 진전되었다 해도 바짝 틀어쥐는 것보단 느슨하게 하는 편이 수월하니까요. 지원형으로 시작했다가 지시형으로 되돌아오려면 아무리 적절한 조치라 해도 팀원들의 분노를 면하기가 어렵죠."

"사람들은 리더십 유형이 엄격한 쪽으로 변할 때 대개 화가 나기 마련이라는 거네요."

"물론이죠. 저는 제 아내가 교사이던 시절에 절대 11월까지는 웃지 말라고 조언해주었습니다. 만약 아내가 애초에 '사람 좋은 선생님'으로 찍히고 당장에 친구부터 되어주려고 했다면 학생들은 학교생활을 잘 해내지 못했을 겁니다. 그건 통제를 유지할 싹을 아예 뽑아버리는 셈이죠."

"이제 여정을 관리하는 리더의 역할과 선로를 벗어나지 않는 것의 중요성을 깨달은 듯싶어요. 그런데 제 두 번째 질문에도 조언을 해주셨으면 하는데요, 리더십은 각각 얼마 동안 유지해야 할까요?"

마리아가 1분 경영자에게 물었다.

리더십을 변화시켜야 할
시점은 언제인가

"지난번에 만났을 때 우리가 나누었던 대화를 떠올려보세요."

1분 경영자가 말했다.

"지시형 리더십은 형성기에 적합하다고 말했지요. 지시형은 팀이 시작할 때의 유형으로, 팀 헌장을 작성하고 필요한 정보를 공유하며 초기의 목표와 과제를 규정하고 효율적인 팀으로 거듭나는 데 필요한 기술을 개발하는 걸 도울 때 활용합니다. 그러나 강한 지시형 리더십을 오래 유지하고 있으면 이내 팀원들은 뭘 해라, 어떻게 해라 하고 끊임

없이 지시를 내리는 데 반발하겠죠. 아이디어나 의견을 내놓을 마음도 가실 테고요. 그러면 생산성과 만족감, 창의성이 덩달아 모조리 떨어질 겁니다."

"무슨 말씀이신지 잘 알겠네요."

마리아가 말했다.

"팀이 그런 상황에 놓이면 리더인 저도 개인적 영향력이 줄어드는 느낌이 들어서 금세 시들해지더라고요."

"그렇죠. 그래서 기민하게 지도형으로 넘어가서 팀원들을 격려하고 그들의 아이디어와 의견을 공유하는 게 중요합니다. 사람들은 자신의 아이디어가 가치를 인정받을 때 임파워먼트가 이뤄지고 있다고 느낍니다. 집단은 업무 목표뿐 아니라 개방적인 소통이나 리더십의 공유 같은 과정 목표 역시 지니고 있음을 잊지 마세요. 그러한 목표들을 명시하는 것이 때로는 문제를 해소하는 방향으로 향하고 팀원들로부터 투입을 끌어내는 좋은 방법이기도 하죠."

"아, 그렇겠군요. 그런데 리더십을 적절한 시점에 지도형으로 바꾸어도 갈등기에 이르는 이유는 뭘까요?"

"훌륭한 질문입니다. 갈등기를 피해서 곧장 높은 성과를 내는 팀이 될 수 있다면 참 좋을 겁니다. 시의적절한 리더십을 발휘하면 분명 불만을 줄일 수 있지만, 아예 없앨 수는 없습니다. 사람들이 의견을 드러내고 요구 사항을 밝히기 시작하면 갈등이 불거지기 마련입니다. 그 결과 다른 이들에게 경쟁심을 가지게 되어 권력 투쟁에 뛰어들기도 하고, 또 어떤 이들은 뒤로 빠지려고도 할 겁니다. 어렵게 느껴지는 업무 때문에 낙담하고 좌절하는 사람도 있겠죠. 허니문은 끝나고 고된 업무라는 현실이 들이닥칩니다. 갈등기에 들어선 팀은 목적의식과 자립심을 얻고자 끊임없이 분투하게 되죠. 바야흐로 격동의 시기라 할 수 있습니다."

"더더욱 꼭 피해야만 하는 그런 단계로 보이는데요."

"그런데 그렇지만은 않습니다! 이 단계는 한편으론 창조적이고 역동적이기도 합니다. 예전에 댄 씨에게도 말했지만, 갈등기는 팀의 일생에서 사춘기에 해당합니다. 팀은 어엿한 어른, 즉 성취기에 이르기 전에 이 처치 곤란한 시기를 헤쳐나가야 합니다. 불행하게도 상당수의 집단이 이 단계에서 가로막히고 마는데, 그래서 흔히들 집단에 부정적인 느낌을 가지게 되는 겁니다. 제 경우엔 이 단계가 불가피하다는 점을 아는 것만으로도 다음 단계를 향해 감내하며 꾸준히 전진해나가는 데 전념할 수 있었습니다.

이 시점에서 필요한 것은 점차적으로 지시 행동을 줄여나가고 관리자의 격려와 지원 행동을 늘리는 것입니다. 사기가 떨어지고 있기 때문에, 기술과 지식을 축적하도록 도와야 할 뿐 아니라 팀이 제대로 일할 수 있게끔 만들 방법들을 찾아야 합니다. 팀은 소통과 의사결정을 관리할 방법을 배울 필요가 있습니다. 또, 다른 이에게 귀 기울이고 갈등을 관리하고 모든 사람의 투입을 독려하기 위한 기본 규칙을 개발해야 합니다. 리더는 팀이 스스로 제공할 수 없는 그런 행위를 제공하기 위해 노력해야 한다는 점을 명심해야겠죠."

이때 댄이 끼어들며 이렇게 말했다.

"이제야 머릿속이 싹 정리되네요. 지시형에서 위임형으로 단박에 넘어갈 수는 없다, 각 단계를 밟아 진전을 이루는 동안 지시 행동, 즉 업무에 연관된 행동은 점차로 줄고 지원 행동, 과정에 연관된 행동은 많아진다……."

"맞습니다."

1분 경영자가 말했다.

"한 단계 한 단계 나아가는 과정이지요. 지원 행동을 늘리고 지시 행동을 줄이는 한편, 의사결정에 있어 팀의 참여 역시 더 늘려가야 한다는 점을 잊지 마셔야 합니다. 이러한 과정 자체가 바로 지원 행동, 그러니까 임파워먼트인 것이죠. 업무와 과정, 둘 다에서 팀의 책임이 증가하고, 그에 따라 리더에 대한 팀의 의존도가 점차 낮아집니다."

"그러한 과정이 계속되면 어떻게 되나요?"

댄이 물었다.

"리더가 당장 손을 떼도 괜찮은 상태가 되나요?"

"음, 그런 건 아닙니다. 리더에겐 늘 나름의 역할이 있습니다만, 그게 꼭 통제를 유지하거나 계속해서 팀이 리더에게 의존하도록 만드는 일인 건 아니죠. 사실, 이렇게 말할 수 있습니다."

> 리더가 기꺼이 통제권을 공유하지 않는다면
> 임파워먼트가 이뤄진
> 자기주도적인 팀이란 절대로 있을 수 없다.

"생산성이나 만족감에 관심이 있는 리더라면, 관계된 모든 이가 그들 자신에게 영향을 끼치는 결정들에 관여할 수 있게 임파워먼트를 정착시키는 데 주력해야겠죠."

"어쩌면 생산성이나 만족감보다 더 중요할지도 모르겠네요."

마리아가 생각에 잠겨 말했다.

"예전에 어떤 기사를 본 적이 있는데, 업무에서 결정에 관여하는 사람들은 그렇지 못한 사람들보다 실제로 수명이 더 길다고 하더군요."

"흥미롭네요."

1분 경영자가 말했다.

"일리가 있어요. 제 경력에서 처참했던 순간들은 대개 업무를 맡은 제 자신에게 영향을 미칠 중요한 결정에 대해 아무런 발언권도 없었던 때였습니다."

"그럼, 집단의 발전과 리더십 유형을 바꾸는 문제로 다시 돌아갈까요?"

마리아가 말했다.

"성공적이고 자기주도적인 팀을 만들려면 리더는 통제권을 차츰 손에서 놓아야 합니다."

"손에서 놓는다기보다는 기꺼이 다른 이들과 공유하는 쪽이지요. 그렇게 하면 리더는 더 이상 팀에 필요한 결정을 혼자 내리기보다는 결정에 참여한다고 할 수 있습니다. 리더가 팀의 일원으로 함께하면, 그 팀은 이제 자기주도적인 팀이 된 겁니다."

"리더들에겐 꽤 힘든 변화네요."

댄이 말했다.

"팀의 경영자로서 결정을 내리고 통제를 유지하는 게 제 업무라고 배워왔으니까요."

"잘 압니다. 저는 이쯤에서 관리자로서 여러분의 업무는 팀원들과 팀을 도와 자신감과 헌신도를 높이고, 의사결정을 공유하는 능력을 계발하게 해주는 것임을 또 한 번 강조하고 싶네요. 높은 성과를 내는 팀은 홀로 업무를 수행하는 그 어떤 개인보다 더 창의적이고 훌륭하게 문제를 해결할 수 있음을 기억하셔야 합니다."

팀의 발전은
역행하기도 하는가

"팀 리더의 역할과 특정 리더십을 얼마 동안 유지해야 할지를 물었던 처음 두 질문에 대한 답을 얻은 것 같네요."

마리아가 말했다.

"제가 보기엔 진단과 참여에 관한 제 의문을 다루기 전에 댄이 역행과 관련해 제기했던 질문을 먼저 다루는 게 맞지 않을까 싶은데요."

"그게 좋겠군요."

1분 경영자가 말했다.

"자, 댄. 질문을 주시죠."

"팀이 일단 성취기에 진입하면 이전 단계로 퇴보하는 일은 없나요?"

댄이 신중하게 물었다.

"아뇨, 퇴보하기도 합니다."

1분 경영자가 대답했다.

"팀원이 들어오거나 나간다든지 팀 구성이 바뀐다든지, 업무가 변경된다든지, 집단의 기능을 방해하는 커다란 사건이 발생한다든지 하면, 3단계로 돌아가거나 심지어 2단계로 떨어지기도 합니다. 여러분도 짐작했을 그런 상황이 벌어지는 거죠."

"그렇다면 리더는 그 단계에 맞게 리더십을 변경해야겠네요."

댄이 말했다.

"그렇죠. 높은 성과를 내는 팀을 관리할 때는 위임형 리더십을 발휘해야 합니다. 하지만 문제가 생겼다고 해서 위임형에서 지시형으로 돌아갈 순 없습니다. 그러다간 완전히 선로를 벗어나게 될 테니까요. 일단 지원형으로 한 단계

물러서서 무엇이 잘못되었는지 알아내야만 합니다. 그런 다음, 지도형으로 한 단계 더 물러나서 질책하거나 다시 지시해서 팀이 제 기능을 되찾도록 해야 합니다."

집단 내 과정을
관찰하기

"그러니까 차질이 발생했을 때는 집단이 문제를 처리하게 될 때까지 선로를 벗어나지 말고 리더십 유형을 한 단계씩 뒤로 거슬러 가야 한다는 말씀이시군요."

댄이 말했다.

"맞아요. 집단의 발전에서 성장을 강화하기 위해 앞지르거나 역행에 대응하기 위해 거슬러 가면서 중간에 리더십 유형을 생략하고 단계들을 뛰어넘다가 선로를 벗어나는 일이 없도록 유의해야 해요."

1분 경영자가 수긍했다.

"중요한 이야기네요. 그 점을 명심하고 또 명심해야겠습니다. 이제 마리아 씨의 세 번째 질문으로 넘어갈까요? 관리자가 집단과 긴밀히 연관되어 있으면 그 집단이 어떤 단계에 속하는지 정확히 판단하기 어려운가 하는 의문이었지요. 저는 이 질문에 특히 관심이 가는데, 참여형 관찰자로서의 리더의 역할과 관계된 질문이기 때문입니다."

"참여형 관찰자요?"

마리아가 궁금해했다.

"제가 1분 경영자의 회사에서 몇몇 집단을 관찰하기 전에 말씀해주신 게 있어요. 요컨대 효율적인 리더 혹은 팀원이란 내용이나 의제, 즉 그 집단이 일하고 있는 바에 충분히 참여하고 있어야 한다. 하지만 또한 한 발 물러서서 진행 중인 과정이나 역학을 관찰할 수도 있어야 한다는 말씀이었죠."

댄이 설명했다.

"제가 하려던 얘기가 바로 그거예요."

마리아가 말했다.

"제가 결정 자체에 감정적으로 얽혀 있다는 느낌이 들 때가 있거든요. 그럴 때는 결정이 어떻게 내려지는지 확실하게 파악해서 집단이 어떤 단계에 속하는지 판단하기가 어렵더군요."

"제가 팀들을 관찰할 때는 그런 문제가 없었어요."

댄은 1분 경영자에게 몸을 돌리며 말했다.

"저는 그곳에 속한 사람이 아니라, 단지 과정을 관찰하는 역할을 맡았을 뿐이니까요."

"바로 그 점이죠."

1분 경영자가 말했다.

"집단에 참여하고 있다는 사실이 관찰의 투명성에 미칠 영향을 최소화하기 위해 제가 종종 쓰는 전략이 하나 있습니다. 과정을 관찰해줄 사람을 팀에 영입해서 소통이나 의사결정, 갈등 관리 등의 관심 영역에 대해 주기적으로 보고하게 하는 겁니다. 그 팀원은 이러한 역할을 맡은 동안에는 논의하는 내용에 참여할 수 없습니다."

"왜 안 되죠?"

마리아가 물었다.

"이 전략은 팀원들이 2가지 역할을 구분하기 위해 관찰 기술을 익히는 초기에 도움이 됩니다. 그러나 언제든 관찰자가 논의 내용에 강한 감정을 가지게 되면, 내용에 관여하기 위해 그 역할에서 벗어나게 해달라고 요구할 수 있지요. 그러면 다른 사람이 논의에서 빠져 그 역할을 맡을 겁니다."

"그것 참 흥미롭네요. 그러니까 절차를 컨설팅하는 역할을 돌아가며 맡는 거군요."

"그렇죠. 그러면 모든 팀원이 과정을 관찰하는 기술을 익힐 수 있을뿐더러 집단이 어떻게 업무를 수행하는지에 대한 의식을 키우는 데도 도움이 됩니다. 그러면 문제가 발생하거나 장애에 부딪혔을 때 과정에 대한 정보들을 활용해서 문제가 무엇인지 이해하고 조치를 취할 수 있어요. 우리가 하는 행동을 온전히 의식하고 있으면 집단이 발전 단계를 밟아나가는 데 커다란 힘이 됩니다."

"좀 더 자세하게 설명해주시겠어요?"

설명을 듣고 있던 마리아가 물었다.

"예전에 이끌던 팀이 갈등기에 들어선 적이 있었습니다. 저는 그 상황에 꼼짝없이 휩쓸려 있었고, 너무나 무기력했지요. 팀이 곤경에 빠졌다는 사실은 알았지만 왜 그렇고, 무엇을 해야 하는지는 알지 못했습니다. 1단계인지 2단계인지도 알지 못했지요."

"그 두 단계는 차이가 분명하잖아요?"

마리아는 다소 의아해했다.

"아뇨, 그렇지 않아요. 팀에는 에너지가 넘쳐났고, 팀원들이 긴장하는 모습도 뚜렷하게 보였습니다. 그러나 역할과 목표, 전략에 대한 의구심도 많아서 형성기처럼 보이기도 했습니다. 어느 쪽으로도 깔끔하게 맞아떨어지지 않았죠."

댄은 잠시 말을 멈추었다.

"계속 말씀해주세요."

"당시 저는 초보나 다름없었기에, 즉흥적으로 한 팀원에게 한 시간 동안 팀에서 떨어져 앉아서 우리가 소통하는 방식을 관찰해보라고 시켰습니다. 저는 그 팀원에게 가이드가 될 만한 질문 목록도 줬습니다. 누가 말하는가? 누구에게 말하는가? 누가 누구를 따르는가? 한 시간이 지나고 그는 결과를 보고했습니다. 정말이지 경악스럽게도, 한 시간 동안 팀에서 다른 사람의 말을 끊은 횟수가 40번이나 되더군요. 그 한 가지 정보가 갈등기가 지닌 문제의 진짜 특징이 무엇인지 알아차리고 고칠 수 있게 해주었습니다. 모든 팀원이 자신을 둘러싼 상호작용을 모니터했고, 문제를 해결하는 데 있어 상당한 진척을 이룰 수 있었죠."

"그렇군요. 그러면 다른 팀원들에게도 회의를 모니터하며 정기적으로 작성하라고 질문 목록을 나눠줘도 좋겠네요."

마리아가 말했다.

"그렇죠. 이러한 전략은 집단이 어떻게 업무를 수행하는지를 모니터해야 한다는 인식과 상호 책임감을 촉진시켜주지요."

1분 경영자가 싱긋 웃으며 말했다.

"회의에 참관해서 과정을 모니터해줄 제3자를 두는 건 어떨까요?"

가만히 듣고 있던 댄이 질문을 던졌다.

"그러면 한 명을 따로 뽑을 필요도 없고 과정에 관계된 이슈를 다루느라 일부러 회의 시간을 쓰지 않아도 될 것 같습니다."

집단의 역학을
이해하기

"그 또한 하나의 전략일 수 있죠. 유용하기도 하고요. 집단이 벽에 부딪힌 상태라면 더욱더 그럴 겁니다. 팀의 일원이라면 불가능했을 솔직하고 객관적인 피드백을 팀과 무관한 제3자가 줄 수 있는 때가 종종 있습니다. 집단에 필요한 건 그저 단순한 자극일 수도 있어요. 그러한 경우에는 관찰자가 기존의 이해관계에서 나오는 의문을 일체 배제한 채 객관적이고 정직한 카메라처럼 바라보는 거지요."

"팀이 갈등기이거나 외부 자원에서 팀 구축에 필요한 객관적인 도움을 구할 때 상당히 유용하겠네요."

마리아가 수긍하며 덧붙였다.

"네, 집단에 큰 힘이 되지요. 그러나 제3자를 활용하는 방식은 상시적으로는 쓰지 않습니다. 참여형 관찰자가 되는 기술을 집단 전체에 알려주는 게 무엇보다 중요합니다. 집단 구성원들이 각자 스스로 모니터해야겠다는 책임 의식을 느껴야 하지요. 그렇지 않으면 결코 높은 성과를 내는 팀이 될 수 없습니다. 1분 경영자로서 여러분의 임무는 구성원들을 임파워먼트해주는 것입니다."

"얼마나 중요한지 잘 알죠. 집단은 너무나 복잡해서 저 혼자선 벌어지는 모든 일을 다 장악하고 있을 재간이 없으니까요."

리더는 훈련시키는 자가 아니라
교육하는 자다

1분 경영자는 조용히 뒤로 물러앉았다. 잠시 사색에 빠진 모습이었다. 조금 지나 그가 입을 열었다.

"몇 년 전, 저의 멘토가 임파워먼트에 대한 잊을 수 없는 가르침을 준 적이 있습니다. 어느 날인가 제가 얼마나 많이 과부하를 느끼는지 그분께 불만을 털어놓고 있던 참이었습니다. 저는 맡은 부서에서 일어나는 모든 일을 책임지고 있었고, 그 모든 걸 도저히 다 따라잡을 수가 없었습니다. 그분은 제가 마구 불평을 쏟아내고 열변을 토로하는 걸 참을성 있게 듣고 있다가 짧게 한마디 하셨죠. '자네는 요점을 놓치고 있네. 자네의 업무는 팀원들을 교육하고, 그들이 맡은 일을 책임질 수 있는 수준까지 스스로를 계발할 수 있도록 돕고, 성과를 발휘할 기회를 주는 것일세. 리더는 '교육자'의 다른 말이네.' 뒤통수를 한 대 맞은 기분이었지요."

"음, '교육자'라기보다는 '훈련가'라고 해야 하는 거 아닌가요?"

댄이 물었다.

"아니에요. 동물은 '훈련'시키고 사람은 '교육'하는 겁니다. 리더로서 여러분은 교사입니다. 가장 핵심적인 업무는 당신의 팀원들을 계발하는 것이지요. 리더가 할 일을 세미나나 교육과정이 대신해줄 수는 없습니다. 모든 집단에는 창의성과 재능의 우물이 있습니다. 리더의 임무는 모든 팀원이 기술과 지식을 축적하도록 도와서 자기주도적인 팀이 되게끔 하는 것입니다. 또한 팀원들이 기꺼이 위험을 감수하고, 성장하고, 책임을 지고, 자신들의 창의성을 활용하려는 분위기를 만들어주는 것 또한 리더의 몫입니다. 이렇게 하지 못한다면 여러분은 늘 쫓기는 기분에서 벗어날 수

> '리더'는 '교육자'의 다른 말이다.

도 없을뿐더러, 더 딱한 점은 결코 자기주도적인 팀과 일할 기회가 없을 거란 사실입니다. 팀이 높은 성과를 낼 수 있다는 믿음을 가지고서 팀원들이 적절한 기술과 지식을 계발하도록 돕고 자율권을 부여한다면, 팀은 창의성과 책임감으로 화답할 것입니다. 그러면 여러분의 삶이 훨씬 수월해지겠지요."

"그렇다면 조화란 팀이 기술과 지식을 개발하게끔 돕고, 자신들의 재능을 활용하도록 지원한다는 의미군요."

마리아가 끄덕이며 말했다.

"그렇습니다. 무엇보다 개인이나 집단이 거리낌 없이 흔쾌히 나서야만 비로소 팀에 충실히 기여할 수 있다는 점을 명심해야 합니다. 사실, 팀원들에게 여러분이 그들의 성공을 바라고 있음을 알려줄 필요가 있습니다. 그런 바람을 알면 팀은 최고가 되기 위해 고군분투하게 되지요. 더 확장된 목표를 세우고, 책임을 맡으려 하고, 위험을 감수할 것입니다. 비판적인 피드백조차도 발전하는 과정의 일부라고 보겠지요. 그들이 성공적으로 해내는 걸 돕는 데 초점이 맞춰

져 있는 비판이라면 스스럼없이 받아들일 것입니다."

"그야말로 효과 만점이네요!"

마리아가 감탄했다.

"이러한 것들이 바로 조화 과정에 해당합니다."

1분 경영자가 가볍게 웃으며 말했다.

"참여하고 있고, 기여하고 있고, 생산적일 때 팀은 임파워먼트가 이뤄지고 있다고 느끼죠."

"음, 저는 두 분과 함께하면서 참여하고 있고, 기여하고 있으며, 생산적이라고 느껴왔어요."

댄이 말했다.

"제게는 몹시 중요한 회의였습니다. 두 분 모두 너무 큰 도움이 되어주셨어요."

"서로에게서 배운다, 이게 지금껏 말한 전부이지요."

1분 경영자는 댄의 말을 받으며 시계를 들여다보았다.

"진정한 임파워먼트는 공유에서 옵니다. 단지 서로 간에 이뤄지는 공유에서 그치는 게 아니라 모든 팀, 모든 팀원과의 공유 말입니다. 30분 후면 이사회 회의가 시작되어 저는 이만 가봐야 할 것 같군요. 마리아 씨, 함께 회의를 해서 참으로 즐거웠고 편지로 화두를 꺼내주신 데 대해서도 감사드립니다. 제가 도움이 될 만한 일이 있으면 언제든지 연락 주세요. 행운을 빌어요."

"감사합니다. 그럴게요. 가르쳐주신 개념들을 제 부서에 집중적으로 적용해볼 예정이에요."

"저 역시 알려주신 것들을 앞으로 쭉 활용해야겠다고 마음먹었습니다."

마리아의 말에 댄도 동의했다.

새로운
1분 경영자들

 그 길로 댄과 마리아는 1분 경영자에게서 배운 리더십 관련 지식들을 활용하기 시작했다. 댄은 그가 진행하고 있는 필수 경영 과정에 그 개념들을 통합해 넣었다.

 댄은 관리자들에게 임파워먼트는 진단에서 시작된다고 가르쳤다. 발전 단계를 판단할 때는 높은 성과를 내는 팀을 초기 비교 대상으로 활용하라는 조언도 덧붙였다. 또한 'PERFORM'을 활용하는 방법도 알려주었다.

 발전 단계를 판단하고 나면, 그다음 단계는 적합한 리더십 유형을 정하는 것이다. 지시 행동과 지원 행동의 비중을 판단의 근간으로 하고 의사결정에 팀이 참여하는 정도를 살펴 적합한 리더십 유형을 결정한다.

마지막 단계에서는 팀의 발전을 뒷받침할 구체적인 전략을 결정한다. 이를테면 규칙과 목표가 불분명하다면 명확히 한다든지, 갈등을 해소하는 방법을 알려준다든지, 팀원들의 의견이 극단적으로 갈라져 있다면 의사 결정 과정을 컨설팅해줄 사람을 지정한다든지 하는 일이 여기에 해당한다.

이렇게 필요한 부분을 구체적으로 밝히고 나면, 관리자들은 임파워먼트를 향한 여정을 관리할 구체적인 실행 계획을 수립해야 한다.

댄은 자신이 가르치는 관리자들이 좀 더 쉽게 효율적인 리더가 되었으면 하는 바람에서 주머니에 들어가는 크기의 게임 플랜을 고안해냈다.

팀의 발전을 위한 게임 플랜

1. 목적과 가치를 결정한다.
   - 목표와 역할을 정한다.
   - 팀 헌장을 확립한다.

2. 발전 단계를 진단한다.

집단의 발전 수준

생산성				사기
높음	성취기	조정기	갈등기	형성기	높음
낮음	발전 단계 4	발전 단계 3	발전 단계 2	발전 단계 1	낮음

← 발전 방향

3. 적합한 리더십 유형에 조화시킨다.

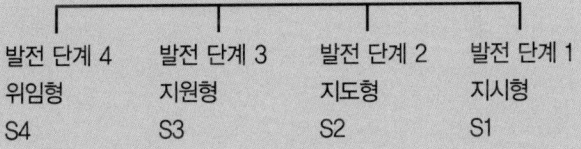

발전 단계 4	발전 단계 3	발전 단계 2	발전 단계 1
위임형	지원형	지도형	지시형
S4	S3	S2	S1

4. 적합한 리더십 유형을 실행한다.

5. 임파워먼트를 향한 여정을 시작한다.

다른 이들과 공유하기

마리아는 효율적인 팀 리더가 되는 과정이 흥미진진하며 도전 정신을 불러일으킨다고 느끼면서도 이 일이 결코 쉽지 않다는 사실을 깨달았다. 시간도 많이 걸릴뿐더러, 리더에게 끈기와 헌신을 요했기 때문이다.

좋은 리더가 되는 일은 권위적인 리더가 되는 것보다 훨씬 더 어려웠다. 마리아는 임파워먼트를 이뤄나가기 위해 팀원들에게 책임을 공유할 준비를 갖추게 하는 것이 꽤나 자신을 지치게 하는 일임을 깨달았다.

"'하라는 대로 하든지, 그게 싫으면 나가든지'라는 식으로 하는 게 에너지 소모가 훨씬 적긴 해요."

마리아가 지난 일을 곱씹으며 댄에게 말했다.

"용기 없는 사람들에겐 무리겠지만, 그 결과는 그만한 가치가 있지요."

댄이 대답했다.

1분 경영자와의 모임 이후로 댄과 마리아는 꾸준히 연락하며 지냈다. 그들은 현장에서 직접 부딪히며 새로 알게 된 바를 서로 비교하면서 즐겁게 담소를 나누곤 했다.

"제 부서와 모든 개념을 공유하는 건 다른 무엇보다 큰 도움이 되는 듯해요."

어느 날 마리아는 이렇게 말했다.

"저는 당신과 1분 경영자에게 배운 것을 모조리 팀원들에게 전달했어요. 모든 팀원이 집단의 발전 단계를 알고, 집단이 다음 단계로 넘어가도록 지원하는 부담을 저 혼자 짊어지지 않기를 바랐지요."

"팀원들이 진단에도 보탬이 되어주던가요?"

댄이 물었다.

"그럼요. 그리고 재미있기도 했어요. 팀원들이 '우리 팀이 2단계에 들어섰네요!' 하는 식으로 말하더라고요. 그렇게 우리가 어떤 단계에 속하는지 다들 알고 나니, 모두들 필요한 지시와 지원을 제시하는 데 적극적이었어요. 정말 다행한 일이죠."

"팀원들이 당신에게 정말로 솔직했던 모양이네요?"

마리아는 살포시 웃으며 말했다.

"제가 적합한 리더십 유형을 택하고 있는지 아닌지 팀원들이 확인해주었죠. 하지만 팀을 진단하고 유연성을 갖추고 조화를 시키는 과정에 팀을 참여시키는 것보다 더 중요한 게 하나 있어요. 우리 모두가 임파워먼트되어 있다는 느낌을 가지는 것이죠. 그러면 제가 회의에 늦거나 불참해도 아무도 불안해하지 않을 거예요. 팀원들도 충분히 리더십을 발휘할 수 있으니까요. 이제야 저는 새로운 자유와 신뢰를 느끼고 있어요."

"1분 경영자가 정말 기뻐하시겠는데요. 그분은 항상 이렇게 말씀하셨죠."

> 임파워먼트는 결국 '놓는' 것이고,
> 그리하여 다른 이들이 '갈 수 있게' 하는 것이다.

감사의 말

이 책을 쓰는 동안 크나큰 도움을 주신 분들께 이 자리를 빌어 감사의 말을 전한다.

켄 벤과 폴 쉬츠는 집단 구성원의 기능적 역할에 대한 선구자적인 연구로, 폴 허시는 켄 블랜차드와 함께 상황대응 리더십 이론을 발전시키는 작업으로, 어빙 재니스는 집단 순응 사고 개념을 정리하고 발전시킨 것으로 도움을 주었다. R. B. 라쿠르지에르는 집단의 생애 주기에 대한 철저한 분석으로, 마셜 새슈킨은 윤리적 명령으로서의 참여에 대한 과감한 논쟁을 통해서, 에드거 셰인은 과정에 대한 컨설팅과 집단 관찰에 대한 명쾌한 사유로, 제시 스토너는 PERFORM 모델을 만드는 데 기여함으로써 이 책의 내용을 풍부하게 해주었다. 전국현장교육연구소(National Training Lab Institute)는 집단의 역학 및 발전에 대한 선구적인 연구로 이 책에 귀한 밑거름이 되어주었다.

더불어 사려 깊은 검토와 비평을 해주신 분들께도 감사를 드린다. 블랜차드컨설팅파트너스와 매사추세츠대학의 박사 과정 연구원들은 일일이 다 언급할 수 없지만 도전적이고 건설적인 피드백과 제안을 주었다. 그리고 '최고 성과 팀' 세미나와 발전 프로그램에 참가한 많은 분들이 초고를 검토하고 몇몇 중요한 부분에서 수정을 제안해준 데도 감사의 말을 전한다.

KI신서 3551

켄 블랜차드의 행복한 1분 경영 노트
최고 성과의 조건

1판 1쇄 인쇄 2011년 9월 2일
1판 1쇄 발행 2011년 9월 12일

지은이 켄 블랜차드, 도널드 커루, 유니스 패리시커루 **옮긴이** 권은경
펴낸이 김영곤 **펴낸곳** (주)북이십일 21세기북스
출판콘텐츠사업부문장 정성진 **출판개발본부장** 김성수 **경제경영팀장** 류혜정
해외기획 김준수 조민정 **마케팅영업본부장** 최창규 **영업** 이경희 박민형 **마케팅** 김현유 강서영
출판등록 2000년 5월 6일 제10-1965호
주소 (우 413-756) 경기도 파주시 교하읍 문발리 파주출판문화정보산업단지 518-3
대표전화 031-955-2100 **팩스** 031-955-2151
이메일 book21@book21.co.kr **홈페이지** www.book21.com
21세기북스 트위터 @21cbook **블로그** b.book21.com

ISBN 978-89-509-3307-4
책값은 뒤표지에 있습니다.

이 책 내용의 일부 또는 전부를 재사용하려면 반드시 (주)북이십일의 동의를 얻어야 합니다.
잘못 만들어진 책은 구입하신 서점에서 교환해 드립니다.